편지로 읽는 탈출기
상처가 별이 될 수 있을까?

✦

과테말라 천사의 집을 시작하고 할아버지의 마음으로 살펴주셨던,
저희의 사제이며 동료였던 장봉훈 가브리엘 주교님께
저희 삶과 복음의 이야기를 전해드립니다.

✦

상처가 별이 될 수 있을까?

편지로 읽는 탈출기

홍승의 지음

성서와함께

머리말

"상처가 별이 될 수 있을까?" 상처 입은 아이들과 함께 조심스레 키워가는 꿈입니다. 깨진 유리 같은 상처를 지닌 아이들이 빛으로 반짝이는 별이 되었으면 좋겠습니다. 사회에서 인정받을 수 있는 대단한 사람이 되라는 말이 아닙니다. 세상 사람들과 다른 출발선에서 시작한 아이들에게 그런 욕심을 부린다면 미안한 일이겠지요. 온갖 상처에도 불구하고 아이들이 이 정도로 자라준 것만도 고마울 뿐입니다. 다만 아이들이 자신의 상처에도 불구하고 다른 상처에 손댈 수 있는 빛나는 사람이 되었으면 좋겠습니다. 그렇게 빛나는 별이 될 수 있을까요?

상처를 지닌 사람이 다른 상처를 아파하는 일도, 그 상처에 다가가는 일도 생각처럼 쉽지 않습니다. 세상으로부터 상처받은 사람이 또다시 상처를 받지 않으려고 더 혹독한 가해자가 될 수도 있고요. 지나온 상처와 아픔을 오직 자신을 위한 변명이나 타인을 향한 무기로 사용하는 사람들도 허다합니다.

모든 꿈을 담은 문장들 속엔 터진 신발 몇 개와 쓰라린 무릎의 흉터 몇 개쯤이 녹아 있기 마련이겠지요.

상처와 별이란 단어 사이에도 그렇게 걸어야만 하는 험난한 광야가 있습니다. 그래서 삶의 자리에서 이 두 단어를 연결하는 일은 마치 길 없는 광야를 헤매는 일과 같았습니다. 바른길을 찾았다기보다 그른 길에서 얻는 깨달음이 더 많은 시간이었습니다. "상처가 별이 될 수 있을까?"라는 문장은 저희에겐 간절한 꿈이면서도 여전히 난감한 화두일 수밖에 없습니다. 이 화두를 풀어내보려고 탈출기를 세세히 읽었습니다. 저는 길을 찾고 싶었습니다.

탈출기를 아홉 걸음으로 나누어 읽었습니다. 흔히 이집트 이야기와 시나이 계약 이야기를 1부와 2부로 나누어 보는 방식을 피하고 싶었습니다. 이집트 이야기는 고통에서의 구원을 다루고 있고 시나이 계약은 새로운 세상에 대한 꿈을 다루고 있습니다. 상처와 별이란 두 단어를 분리해서 읽고 싶지 않았습니다. 걸음이란 형식을 취해 상처가 별로 나아가는 과정을 하나의 맥락 안에서 되짚어보고자 했습니다. 그래서 각각의 걸음에는 많은 질문이 놓여 있습니다. 질문이란 제가 본문을 읽는 방식이기도 하고 길을 찾아가는 방식이기도 합니다. 본문 속의 질문들은 답을 찾기 위한 질문이 아닙니다. 길을 걸어가기 위한 질문들이지요. 삶을 걸어가는 방식은 질문이 또 다른 질문으로 이어지는 골목길과 비슷합니다. 하느님께 나아가는 길도 다르지 않습니다. 질문이 또 다른 질문으로 이어지는 길을 걸어야 할 겁니다.

길을 찾고자 하는 마음으로 탈출기를 읽어내고자 하였지만, 답을 찾아낸 것은 아닙니다. 또 다른 질문들을 품게 되었을 뿐입니다. 헛수고한 게 아니라 더 깊어진 거지요. 신앙의 깊이란 삶의 깊이일 수밖에 없고 삶의 깊이란 결국 질문의 깊이일 수밖에 없을 겁니다.

지난번 책처럼 이번에도 편지체로 글을 썼습니다. 말하는 대상이 구체적이지 않으면 글을 쓰지 못하는 제 버릇 때문에 또 이렇게 되었습니다. 수년을 함께 산 또 지금도 함께 살고 있는 청년 선교사들에게 주는 편지글입니다. 매일 얼굴 맞대고 사는 친구들에게 편지를 쓰는 어색함에도 불구하고, 서른세 통의 편지를 보냈는데, 답장은 한 장도 없었습니다. 몇 가지 이유가 있답니다. 우선 글쓰기가 어색해서 그냥 편지를 읽고 말로 답장을 하겠답니다. 읽어준 것만 해도 고마워하란 거지요. 틀린 말도 아니라서 토를 달기는 어색하지만, 왜 이리 밑지는 기분이 드는 건지 모르겠습니다.

하긴 자기들 딴에는 나름 서운한 게 있나 봅니다. 딸 훌리아에게 쓴 지난번 편지글에서는 따뜻함과 애정이 뚝뚝 떨어졌는데 자기들한테 보내는 이번 편지글에는 똑바로 살라는 충고들이 널려 있답니다. 제가 다시 편지를 읽어봐도 그러네요. 딸을 바라보는 시선과 동료를 바라보는 시선이 이리 다른 거구나 싶습니다. 미안한 마음에 변명을 하자면 애정의 양과 깊이가 달라서가 아니라 애정의 색깔이 달라서 그럴 겁니다. 동료에 대한 애정은 저 자신의 삶에 대한 애정과 연결되어 있어서 아무래도 질책이 많을 수밖에 없는 거 같습니다. 동료들에게 주는 충고가 아니라 저 자신에게 하는 다짐인 거지요.

이리 핀잔을 먹으면서도 굳건하게 끝까지 이 친구들에게 편지를 쓴 이유는 탈출기만은 꼭 함께 읽어야만 한다고 여겼기 때문입니다. 탈출기의 내용은 천사의 집의 삶과 닮았습니다. 이집트 땅에 사는 이스라엘 백성처럼 세상의 탐욕으로부터 폭행당한 아이들의 울음, 마치 갈대 바다를 건너오듯 한밤중에 경찰차에 실려서 천사의 집에 들어오는 아이들의 두려움, 십계명을 받듯 새로운 삶을 위한 천사의 집의 규칙들, 이스라엘 백성과 하느님의 계약처럼 그 규칙만 지킨다면 별이 될 거라는 약속, 금송아지 사건처럼 새로운 삶과 규칙을 배우는 것이 힘들어서 도망치려는 아이들의 흔들림. 이렇게 상처가 별이 되기 위한 여정 속에 담긴 안쓰러운 이스라엘 백성과 하느님의 고된 손길에 대한 이야기는 저희 삶의 여정일 수밖에 없을 겁니다. 그래서 탈출기는 저 혼자가 아니라 "상처가 별이 될 수 있을까?"라는 같은 꿈을 꾸는 동료들과 꼭 함께 읽어야만 했습니다.

2023년 1월
과테말라 천사의 집에서

차례

머리말

걸음 하나 — 억압의 세상을 살아내는 사람들 · 14

편지 1. 탐욕이 만든 강제 지배 · 16
편지 2. 여인들이 만드는 희망의 씨앗 · 22
편지 3. 모세의 저항과 체념 · 30

걸음 둘 — 부르시고 설득하시는 하느님 · 39

편지 4. 떨기나무 불꽃 속의 만남 · 42
편지 5. 자격에 대한 모세의 질문들 · 50
편지 6. 능력에 대한 모세의 질문들 · 58

걸음 셋 — 소명을 이끄시는 하느님 · 66

편지 7. 할례 사건과 소명의 무게 · 69
편지 8. 환영받지 못하는 소명 · 77
편지 9. 반복되는 소명의 확인 · 85

| 걸음 넷 | 탐욕의 세상을 무너뜨리시는 하느님 | · 94 |

편지 10. 탐욕에 대한 재앙의 서막　　　　　　　　　　· 97
편지 11. 재앙의 첫 번째 단계, 빼앗긴 자들과 대면　　· 106
편지 12. 재앙의 두 번째 단계, 빼앗은 것들의 몰락　　· 115
편지 13. 재앙의 세 번째 단계, 빼앗은 자들의 추락　　· 123

| 걸음 다섯 | 백성을 구원하시는 하느님 | · 132 |

편지 14. 마지막 재앙과 탈출 1, 마지막 밤의 긴박함　· 134
편지 15. 마지막 재앙과 탈출 2, 아픈 구원　　　　　　· 142
편지 16. 탈출과 탄생 1, 갈대 바다의 긴박함　　　　　· 150
편지 17. 탈출과 탄생 2, 탄생의 서사　　　　　　　　· 159

| 걸음 여섯 | 돌보시는 하느님 | · 167 |

편지 18. 광야 순례 1, 갈증과 불안　　　　　　　　　· 170
편지 19. 광야 순례 2, 양식과 불안　　　　　　　　　· 179
편지 20. 광야 순례 3, 신뢰와 전환　　　　　　　　　· 187
편지 21. 광야 순례 4, 성장과 소통　　　　　　　　　· 195

걸음 일곱 ── **새로운 세상을 꿈꾸시는 하느님**　　· 202

　　편지 22. 계약 제안, 꿈꾸시는 하느님　　· 205
　　편지 23. 계약 법규와 성찰된 기억　　· 214
　　편지 24. 계약 내용 1, 삶의 새로운 중심　　· 221
　　편지 25. 계약 내용 2, 삶의 새로운 질서　　· 229
　　편지 26. 계약 내용 3, 관계의 새로운 중심　　· 236
　　편지 27. 계약 내용 4, 관계의 새로운 질서　　· 248

걸음 여덟 ── **동행을 꿈꾸시는 하느님**　　· 257

　　편지 28. 계약 체결, 사랑의 언약　　· 260
　　편지 29. 성막 지시 1, 동행의 이유　　· 268
　　편지 30. 성막 지시 2, 성별의 이유　　· 276

걸음 아홉 ── **다시 시작하시는 하느님** · 284

편지 31. 계약 파기, 금송아지 사건 · 287
편지 32. 관계 회복과 재계약 · 297
편지 33. 성막 완성과 동행의 시작 · 306

탈출기에 나오는 사건 이미지를 대비해 볼까? · 315

걸음 하나

억압의
세상을

살아내는
사람들

탈출 1,1-2,22

　구원의 무게란 항상 절망의 무게에 비례합니다. 그래서 절망을 이해하지 못한 구원은 그저 가벼운 소리들의 세상에 남겨질 뿐입니다. 탈출기는 신음소리 가득한 무너진 세상을 보여줍니다. 사람이 고통으로 무너진 세상입니다. 느닷없이 강제 노역에 내몰려 신음하고 살해당하면서도 저항할 수조차 없는 히브리인들의 세상입니다. 왜 그들은 그와 같은 고통에 놓이게 된 걸까요?
　탈출기는 어쩔 수 없는 인생의 굴곡이란 식으로 대답을 에둘러 피해 가려 하지 않습니다. 누군가의 탐욕 때문이라고 선명하게 또 주저 없이 말합니다. 그래서 비참한 노예 상태에 처한 사람의 신음뿐 아니라 사람의 탐욕까지를 함께 드러내고 있습니다. 이런 대비로 절망의 무게와 원인만을 드러내려는 게 아닙니다. 희망을 이야기하려는 겁니다. 이 대비를 부당하게 느끼는 마음에서 희망은 시작되니까요.. 희망은 절망 바깥에 있지 않습니다. 희망은 절망 속에서 절망의 부당함을 항변하는 사람들의 몫입니다. 그래서 아무리 완전한 절망의 세상이라도 그 안에는 간곡한 희망을 살아내는 사람이 있습니다. 탈출기는 무너진 세상에서 신음하는 사람들, 그럼에도 희망하는 사람들의 이야기로 시작됩니다.

편지 1

탐욕이 만든 강제 지배

탈출 1,1-16

아이들의 상처를 마주하는 일은 여전히 쉽지가 않네. 너희도 그렇지 않니? 웃음을 찾아주겠다고 보듬어 안고, 함께 뛰어다니지만, 아이들에게 상처의 이유와 상처의 의미에 대해서는 감히 말할 수가 없어서 그런가? 그냥 숨겨놓고 과거는 지났으니 이제 앞으로 행복해지면 되지 않겠느냐고 얼버무리기 일쑤잖아. 그런데 혹시나 우리 아이 중에 어떤 똘똘한 녀석이 나중에 왜 자신이 그런 상처를 받아야 했던 거냐고 물으면 뭐라 설명해줘야 할까? 하느님은 또 무엇을 하고 있었느냐고 물으면 어떡하지? 아이들이 커가는 모습을 보니 이런 걱정도 하게 되네. 그래서 너희와 탈출기를 함께 읽어보고 싶어졌어. 비참한 삶으로 억울하게 내몰렸던 사람들을 하느님이 구해내서 새로운 세상을 만들어가는 이야기라면 이 안에서 어떤 답을 찾을 수 있지 않을까?

아픔은 어디서 오는 걸까?

물론 탈출기를 읽어내는 일이 쉽지는 않을 거야. 벌써 첫 장부터 삶의 어두운 무게를 견뎌내야만 하잖아. 신음하는 히브리인들의 고통을 마주해야만 해. 누군가의 힘든 이야기를 듣는다는 건 듣는 사람도 힘들어지는 건데, 만만하지 않은 고통이라면 더욱 그렇겠지. 더욱이 히브리인들의 신음소리와 함께 그 고통을 만든 파라오의 탐욕까지도 읽어내는 일은 곤혹스러울 거야. 상처를 마주하는 일이 힘든 건 사람의 아픔을 품어야 하기 때문이기도 하고, 그 아픔을 만들어낸 사람이 지닌 탐욕의 민낯을 보게 되기 때문이기도 해.

내가 처음으로 아이들의 상처를 듣게 됐을 때도 그랬어. 아동 재판에서 내 등 뒤에 얼굴을 묻고 자신의 이모가 소를 먹이기 위해 땅을 가진 주인에게 어떻게 자신을 팔아넘겼는지를 말하면서 띄엄띄엄 울먹이던 아이의 목소리를, 다시는 저 이

모가 자신과 마주치지 않게 해달라는 아이의 분노를 기억하고 있어. 자신을 폭행한 땅 주인보다도 폭행을 당하면서 절규하는 자신을 모른 척한 이모가 더 밉다더라. 아이 몰래 울었다. 아이가 안쓰럽고 또 사람의 탐욕에 화가 났어. 사람의 탐욕이 이렇게까지 경계가 없어도 되는 걸까? 탈출기에 나오는 히브리인들이 노예가 되는 과정을 보면 탐욕의 무서움이 어느 정도인지 확인할 수 있을 거야.

  사실 이집트 땅에서 오랜 시간, 평화롭게 살던 히브리인들이 특별한 사건도 없이 한순간에 노예로 전락한 일은 결코 일반적이라고 할 수가 없잖아? 흔히 고대 사회에서 노예는 전쟁 포로나 범죄로 인한 처벌, 채무로 인한 변상이란 차원에서 발생하는 거거든. 대규모의 집단을 노예로 만드는 경우는 오직 전쟁을 통해서만 가능한 일이야. 그런데 어떻게 전쟁도 없이 함께 어울려 살던 이웃들을 하루아침에 노예로 만들어 버릴 수 있었던 걸까? 노예가 필요한 이유는 단순해. 노예의 노동력 때문이지. 노동력이 바로 돈이 되는 거니까. 이 노동력을 마음대로 하려고 인간 자체를 억압하는 게 노예제도란 거야. 우리 아이들의 상처도 다르지 않잖아. 어른들이 돈과 욕망을 위해서 아이들을 노예 다루듯 마음대로 했기 때문이지. 사람이 사람을 짓밟는 이유는 예나 지금이나 크게 다르지 않아. 파라오도 자신의 탐욕을 위해 노예가 필요했던 거야. 탈출기는 그 과정을 차근차근 보여주고 있어.

우선 히브리인들의 노예 생활은 요셉을 알지 못하는 새로운 파라오의 등장에서부터 시작해. 난민 요셉으로 인해 이집트 전체가 극심한 가뭄에서 목숨을 구했던 과거를 잊었다는 거야. 얽혀 있는 관계를 부정하는 거지. 그래야 함부로 다룰 수 있는 근거를 얻게 되거든. 나랑 상관없는 사람들이라는 거야. 그러고 나서 히브리인들을 위험한 사람으로 인식시키는 작업을 진행하게 돼. 수가 늘어나서 전쟁이라도 일어나면 원수들 편에 붙어버릴 거라는 거야. 추측으로 공포를 만드는 거지. 일어나지 않은 일로 공포감을 조성하고 공포를 확대하면 사람들은 맹목적으로 믿게 돼. 따져보면 설마 파라오의 말처럼 히브리인들이 이집트인들보다 많았겠어? 사람들은 흔히 수가 적은 이방인에겐 관용을 보일 수 있지만, 수가 많은 이방인들은 불안한 시선으로 보게 되잖아. 파라오는 이 점을 이용하는 거야. 그래서 위험한 이들을 통제하려면 그들을 노예로 삼아야 한다는 논리를 완성하는 거지. 꽤나 세밀한 작업을 한 듯싶지만 그래봐야 파라오의 속내는 탐욕일 뿐이야. 그렇게 해서 만든 히브리 노예들을 하필 자신의 양식 저장을 위한 성읍, 피톰과 라메세스를 짓는 데 투입했다는 사실을 보면 명확해지잖아. 결국 파라오는 더 많은 노예가 필요했고 이에 동조하는 이집트인들과 함께 자신들의 이웃들을 하루아침에 노예로 만든 사건을 저지른 거야. 그리고 이 이집트인들은 이제 노예가 된 이웃들을 마음껏 "혹독하게 부렸고" "그들의 삶을 쓰디쓰게" 만들어 버렸어.

◆ 왜 저항하지 않는 걸까?

탐욕의 혹독함은 이제 남아 살해 정책이라는 참혹함에까지 이르게 돼. 늘어나는 히브리인들의 수를 불안과 공포 확산에 이용했으니 이를 제거하려는 실행이 뒤따른 거야. 드러난 탐욕은 숨겨진 탐욕보다 뻔뻔하고 혹독하기 마련이잖아. 이제 자신들의 탐욕을 드러내는 데 거침이 없는 거지.

 그런데 그 방식이 끔찍해. 일정한 수를 넘어선 노예는 반란을 일으킬 가능성도 있고 필요 이상의 노예는 수지타산을 따져봐서 손해가 될 수 있다고 해도, 어떻게 이런 일이 가능한 걸까? 유아 살해 정책은 그것이 설령 역사적 사실이었든 아니었든 간에 탐욕의 극단을 설명하고 있어. 필요에 따라 타인의 생명까지도 쉽게 제거하는 세상, 참 무섭지 않니? 규모가 다르고 방식이 순화되었을지는 모르지만, 탐욕의 집요함은 지금이라고 해서 별반 다르지 않을 거야. 피해자가 될까 봐 무섭고 나도 모르는 사이에 나 역시 탐욕의 가해자가 되어 있을까 더 무섭다.

혹여 이런 세상을 겪어낸 이들에게 왜 저항하지 않았느냐고 말하진 말자. 유아 살해 이야기는 저항조차 할 수 없는 비참한 상황을 보여주는 거니까. 저항조차 할 수 없는 이들에게 왜 저항을 하지 않았느냐고 묻는다면, 그건 가해자의 주장에 동조하는 폭력이 될 뿐이겠지. 우리도 우리 아이들에게 그렇게 묻지 못하잖아. 탈출기를 읽어내는 게 벌써 힘들다. 어둔 이야기를 꺼내는 거라서 힘이 들지만 그래도 그 안에 있는 희망을 찾아보는 마음으로 읽어 봐. 희망은 절망 밖에 있는 게 아니거든.

편지 2

여인들이 만드는 희망의 씨앗

탈출 1,17-2,10

무너지고 어두운 세상 한복판에 서 있는 이들은 어디서 희망을 찾을 수 있었을까? 아니 어떻게 절망을 살아낼 수 있는 걸까? 병을 주워 팔아서 알코올 중독의 엄마와 무능한 오빠를 먹여 살렸다던 우리 집 꼬맹이는 어떤 생각을 하며 살았던 걸까? 어쩔 수 없는 상황은 그냥 견뎌지는 건가? 꽤 편안한 삶을 살아온 우리가 감히 상상할 수 있는 영역이 아닐 거야. 그래도 이 먹먹한 이야기를 가늠해보자면 이 아이가 살 수 있었던 건 아마 다른 여린 생명을 돌볼 수 있어서가 아니었을까?

우린 사랑받지 못해서 무너지는 게 아니라 사랑하지 못할 때 무너지는 거거든. 아이는 부모가 무엇을 해주길 바라는 게 아니야, 자신이 사랑할 수 있는 부모가 있기를 바라는 거지. 아무리 모진 시간이라도 사람은 사람을 사랑할 수밖에 없고 사람을 사랑하는 그 힘으로 살아내게 되는 거 아닐까? 그렇게 살아내주는 사람을 보면 고마워. 세상 한구석에서 여전히 사랑을 지켜내고 있는 사람들 같아서 그럴 거야. 어둔 세상에서 '어떻게 희망을 찾을 수 있느냐'의 문제는 결국 '어떻게 그런 세상에서도 사랑을 지켜내고 사랑하고 있느냐'의 이야기겠지.

희망은 선택일까?

탈출기도 무너진 세상에서 희망을 살아내는 사람들을 보여주고 있어. 먼저 산파 역할을 하는 히브리 여인 두 명이 나와. 파라오는 산파들에게 히브리 남자아이가 출생하면 조용히 살해하라는 명령을 내렸지만, 이 산파들은 부당한 명령을 지혜롭게 피해가 버려. 자신들이 달려갔을 때는 이미 히브리 여자들이 힘이 좋아 아기를 낳은 뒤라는 거야. 명령 불복종이지. 이 교묘한 화법을 파라오라고 몰랐겠어? 산파들은 자신의 목숨을 건 선택을 했던 거겠지.

　그런데 상황의 무게에 비해 뭔가 내용이 경쾌하지 않니? 산파들이 경쾌하게 비아냥거리면서 무겁고 부당한 명령을 비껴가는 인상이네. 탈출기는 자신의 목숨과 아기의 목숨이 얽혀 있는 어둡고 복잡한 상황을 이리 경쾌하게 풀어갈 수 있는 힘은, 하느님을 경외하는 마음에서 오는 것이었다고 말하고 있어. 무너진 세상에서 일어나는 모든 갈등은 결국 누구를 섬길 것이고 누구를 따를 것인가라는 선택의 문제이거든. 생명을 해하는 파라오와 생명을 지키는 하느님 사이에서 산파들은 하느님을 선택하지. 거기다 이 선택이 이렇게 경쾌한 리듬을 타는 느낌으로 이루어지고 있다는 건 고민이 필요 없는 단순한 선택이었다는 뜻일 거야.

　그렇겠지. 세상에는 사람이라서 사람의 마음을 버릴 수 없는 사람들이 있잖아. 하느님의 이름으로 자기 안에서 사람의 마음을 끝내 지켜내고 있는 그런 사람 말이야. 그런 사람들은 자신의 선택으로 입게 될 불이익의 어두움을 생각하지 않아. 당연한 선택을 당연하고 경쾌하게 감당하려 하지. 이 당연한 선택이 누군가의 생명을 구할 수 있고 세상에 슬픔을 줄일 수 있는 희망이란 걸 잘 알고 있거든.

연민은 희망의 시작일까?

경쾌한 두 산파의 걸음에 이어서 이번에는 무거운 마음의 여인이 등장해. 모세의 친어머니야. 모세의 부모는 남아 살해 시기에 태어난 자신의 아이를 석 달 동안 몰래 기르다가 계획적으로 이집트 공주가 목욕하는 강가에 역청을 발라 만든 왕골 상자에 넣어 흘려보냈어. 잘 아는 얘기지.

그런데 아들을 낳아서 석 달 동안 숨겨서 기른 이유가 '잘생겨서'란다. 아마 애정의 다른 표현일 거야. 자기 자식처럼 잘생긴 사람이 어디 있겠어. '잘생겨서'라는 말은 히브리말 '토브'를 번역한 말인데 '좋은good'이란 뜻이래. 하느님께서 세상을 만드셨을 때 "보시니 좋았다"라는 표현과도 같은 뜻이야. 세상을 만들고 세상을 바라보는 하느님의 눈도, 모세를 낳고 모세를 바라보는 어머니의 눈에도 애정이 듬뿍 담겼던 거지. 결국 무시무시한 강제 지배 상태에 반기를 드는 행위가 뜻밖에도 사람에 대한 애정에서 시작됐다는 뜻일까?

이 애정이 희망이란 이름의 위험한 모험을 하게 만들었던 건 확실해. 모세를 강물에 띄워 보낸 것은 아이를 더 이상 숨길 수 없다면, 그렇게 해서라도 살려보겠다는 마음이었을 거야. 그러니 아이가 담긴 왕골 상자를 끝까지 따라갔겠지. 그리고 계획적이었는지 우연이었는지 모르지만, 이 왕골 상자는 이집트 공주와 만나게 됐어. 무엇보다 주의를 끄는 것은 왕골 상자 속 아기를 본 이집트 공주의 첫 행동이야. "이 아기는 히브리인들의 아이 가운데 하나로구나" 하고 말하잖아. 이 아이가 누군지 알고 있는 거야. 어찌 모를 수가 있었겠어. 이미 파라오가 히브리 남자아이들을 죽이라고 명령을 내렸으니 강가에서 허다하게 볼 수 있는 풍경이었을 텐데.

공주는 이런 상황에서 갈대 사이에 놓인 상자를 '보고' 아기의 울음소리를 '듣고' '불쌍히 여겨서' 그 아기를 '건져내'게 돼. 이 행동들은 훗날 하느님이 이스라엘 백성을 구해내는 과정과 닮았어. 아마 모든 연민은 하느님의 마음을 닮아갈 수밖에 없기 때문일 거야. 이 연민은 다만 가엾은 아기에 대한 연민만이 아니야. 이 아이를 둘러싼 사람들에 대한 연민이기도 했을 거야. 아기를 건져내자마자 한 히브리 처녀가 쪼르르 달려와서 "아기에게 젖을 먹일 유모를 하나 불러다 드릴까요?"라고 말하는데, 바보가 아닌 다음에야 어찌 이 상황을 모를 수가 있겠어.

우리 집 아이들을 봐봐. 젊은 남자아이들이 집에 오면 우리 아이들이 갑자기 나한테 유난히 살갑게 굴잖아. 내 가슴에 안겨서 눈은 그 남자아이를 쫓고 있지. 자신의 쑥스러운 마음을 숨기고 젊은 남자와 눈이라도 맞추려면 이보다 안전한 장소가 없는 거지. 이런 흔하고 빤한, 나름 앙증맞은 속임수들을 내가 바보가 아닌 담에야 왜 모르겠냐고. 나도 그런데 이 집트 공주 정도 되는 사람이 그리 구해 온 유모가 이 아이의 친모라는 사실을 어떻게 모를 수가 있겠어. 공주는 이 친모에 대한 연민도 함께 느꼈을 거야. 이 아이를 감싸고 있는 사람들의 아픔들을 하나하나 읽어내고 있었던 거지. 연민이란 이렇게 그 사람 안에서 그 사람들의 이야기를 읽어내는 마음이지 않을까?

　노예 계급의 한 여인이 지닌 자식에 대한 애정과 그 애정을 읽어내는 이집트 공주가 지닌 연민이 굳건해 보이기만 하던 탐욕의 세상에 작은 숨구멍을 뚫어내고 있네. 재밌게도 이 장면은 모두 여인들로만 구성되어 있어. 완고하고 치밀한 파라오의 탐욕이 손닿지 않는 자리, 손댈 수 없는 자리가 아직 세상엔 있고, 그 자리를 지켜내는 여인들의 모습을 희망으로 보여주고 있는 거야. 그렇겠지. 생명을 지키고 돌보는 선택과 사람에 대한 연민만이 탐욕의 세상과 싸울 수 있는 희망일 거야.

연민의 깊이는 어디까지일까?

오래전에 이런 사람이 있었어. 자기 집 앞에 버려진 아기를 몇 달 동안 키우다가 동네 병원에서 아이에게 큰 수술이 필요하다고 하니까 법원을 찾아온 부부였지. 이 양부모도 가난한 사람들이었거든. 법원에서 아기를 우리 집에 보냈는데 양엄마가 직장까지 포기하고 함께 왔어. 큰 병원에 아기를 데려갔더니 아기가 대뇌가 없어서 소뇌로만 활동하는 거라고 하더라고. 얼마 살 수가 없다는 얘기였어. 의사의 이야기를 듣고도 이 양부모는 그럴 리가 없다고, 아기가 자기들을 보면 웃는다고 끝까지 믿지 않는 거야. 그리고 마지막 순간까지 아이가 자기들 품에 있으면 좋겠다고 집으로 데려갔어. 사람이란 이렇게 아프고 슬프고 아름다운 거더라. 탐욕으로 가득 찬 세상이라고 하지만 그 틈새에 이런 사람들이 살고 있는 거 아닐까? 희망으로 말이야. 희망은 애정과 연민을 지닌 이런 사람들에게서부터 시작되고 있는 거겠지.

우리도 돌아보면 그렇지 않았을까? 힘겨운 시간들을 견딜 수 있었던 건 누군가의 애정과 연민의 손길이 있었기 때문이었겠지. 모세라는 이름의 뜻이 "물에서 건져냈다"라는 뜻이래. 물에 떠내려가는 생명을 건져내는 일은 사람에 대한 애정과 연민으로만 가능한 거잖아. 우리의 애정과 연민은 얼마큼이나 될까? 목숨은 아니더라도 손해나 위협을 무릅쓰면서 아이 하나를 건져낼 만큼은 되는 걸까? 아이 하나와 싸워보면 우리 연민이 얼마나 얄팍한지 알게 되잖아. 그 연민은 좋은 날엔 마음 가득하다가 자존심이라도 하나 긁힌 날엔 왜 그리 몽땅 사라지는 건지.

울음소리 들을 수 있니?
떠내려가는 여린 생명을
찾을 수 있겠니?
계산 없이 그 생명을
건져낼 수 있겠니?
연민이 희망이라고
믿을 수 있겠니?

편지 3

모세의 저항과 체념

탈출 2,11-22

연민은 왜 혼란을 겪을까?

이제 시간을 뛰어넘어서 이집트 왕자로 장성한 모세를 살펴보자. 등장부터가 심상치 않네. 모세가 히브리인을 때리는 이집트 감독관을 몰래 때려죽여 모래 속에 묻어버린 거야. 이 사건을 어떻게 봐야 할까? 젊은 모세가 열정을 이기지 못하고 벌인 잘못일까? 아니면 열정적 저항일까?

   탈출기는 모세의 행동을 부적절한 것으로 보고 있지는 않아. 우선 이 사건은 이집트 감독관이 히브리인을 죽을 정도로 혹은 죽을 만큼 '때리는' 데서 시작됐어. 고대 강제 노역에 동원된 노예들이 이런 폭행으로 죽는 일은 흔했을 거야. 그런데 여기서 이집트 감독관이 '때리다'라는 말과 모세가 이집트 감독관을 '때려죽이고'라는 말에는 '치다'라는 뜻을 가진 '나카 nakah'라는 히브리말이 같이 사용되고 있다고 하네. 짐작이 되지? 억울한 생명을 지키기 위해 이집트인들의 부당한 폭력에 대항한 사건으로 인지하고 있는 거야. 일제 강점기의 독립 운동가를 떠올리면 이해가 될까? 저항의 양상이 여인들의 불복종에서 한층 직극직인 저항 폭력으로 바뀌고 있다고 볼 수도 있겠지. 그만큼 강제 지배가 더 깊어졌다는 반증일 거야.

다만 이집트 감독관을 죽이고 몰래 숨긴 모세의 행동 속에는 자신의 행동이 가져올 파장에 대한 두려움이 담겨 있어. 신념에 찬 행동이 아니라 우발적 행동이었다는 거지. 흔히 영화에서 보면 이런 사건을 계기로 어떤 봉기라도 일어나야 하는 거잖아. 모세 자신도 아직 본인의 행동에 어떤 계획이나 확신을 갖지 못한 상태에서 벌어진 일이었을 거야. 탐욕과 폭력의 한가운데서 일어난 모세의 폭력은 무엇이라도 해야 하는데 무엇을 해야 하는지 모르겠는 한 사람의 혼란을 보여주고 있어. 이런 경우를 너희도 잘 알고 있을 거야. 아이들을 위해 무언가라도 해야 하는데 무엇을 할지 모르는 경우 말이야. 계부의 폭행으로 아이가 성병을 앓게 되었는데 엄마라는 사람은 아이에게 그런 일이 없었다고 법원 재판에서 말하라고 강요한 적이 있잖아. 그런 꼴을 보면 그 엄마한테 쌍욕이라도 하고 싶어져. 지키고 싶은 사람이 있으면 쌍욕이라도 못하겠니? 그래도 우리는 차마 그러지 못하고 눈으로만 쌍욕을 하고 가슴으로 삼키게 되잖아. 좀 더 생각해서 행동해보려고 하는 거지. 그리 보면 모세의 행동에 담긴 연민은 이해하겠는데 뭔가 충동적 행동이라는 느낌이 들긴 해.

연민은 어떻게 절망하게 될까?

문제는 이튿날 엉뚱한 자리에서 일어나게 돼. 다음날 히브리인들이 서로 싸우는 상황을 보고 모세가 잘못한 사람에게 "당신은 왜 동족을 때리시오?" 하며 개입하려 했어. 그러자 그 히브리인이 "누가 당신을 우리의 지도자나 판관으로" 세웠느냐며, "당신은 이집트인을 죽였듯이 나도 죽일 작정이오?" 하고 따지는 일이 벌어졌어. 짧은 대화지만 히브리인들의 상황을 가늠하기에 충분해 보여. 이들은 모세의 말처럼 왜 동족끼리 싸우는 걸까? 왜 가난한 이들은 가난한 이들끼리 싸우는 걸까? 프

란츠 파농에 따르면 피식민지인들 안에 일어나는 폭력과 다툼의 배후엔 폭력의 순환구조가 있다고 해. 거대한 폭력 앞에 대항할 수 없는 피지배자들은 지배자로부터 받은 폭력을 자신들 안에 품고 있다가 또 다른 약자에게 발산한다는 거야. 일리 있는 설명이야. 히브리인들의 다툼 역시 잘못한 사람이 되레 다른 사람을 때리고 있는 상황이잖아. 이집트 감독관이 히브리인을 때리는 일과 다르지 않다는 거지.

여하튼 모세는 이 사건을 통해 인생의 전환을 맞게 돼. 비밀이 그들의 입을 통해 폭로되고 그로 인해 파라오에게 쫓기는 신세가 된 거지. 우선 모세는 자신이 선택한 동족에게 거부당한 현실에 절망했을 거야. 이 상황을 좀 더 곱씹어보면 배신당했다고까지 느낄 수 있거든. 예전에 봄이가 까리나한테 멱살 잡혔던 일이 있었잖아. 아이들 싸움에 끼어들었다가 아이들 앞에서 멱살까지 잡혔고, 그 후 오래 힘들어했었지. 희망은 흔히 외부의 벽보다도 내부의 벽으로 인해 절망으로 떨어지기 일쑤야. 하지만 어찌 보면 히브리인들 입장도 이해가 가. 모세가 자기들 편이라고 믿기 힘든 여건이지 않았겠어? 강제 노역에 동원되지도 않고 좋은 옷을 입고 자신들의 주변을 관찰하고 있던 모세를 히브리인 피가 흐르는 이집트인 정도로 볼 수밖에 없지 않았을까? 그렇게 불쌍한 눈빛으로 자신을 바라보는 사람들이 어디 모세가 처음이었겠어. 그런 사람들은 자신에게 조금만 불리한 일이 발생하면 도망칠 게 뻔하고 뒷감당은 온통 자신들의 몫이 되는 경우가 한두 번이 아니었을 거잖아. 분명 모세는 히브리인들을 위해 행동했지만, 히브리인들의 마음을 얻을 정도로 신뢰를 주지는 못했어. 아무리 그들의 처지를 이해한다고 해도 자신은 그들에게 한낱 이방인일뿐이라는 사실을, 모세는 이 사건을 통해 분명히 깨달았을 거야. 더 이상 그들을 사랑해야 할 명분도 마음도 잃게 된 거지.

왜 절망은 체념이 되는 걸까?

의아한 상황은 또 있어. 파라오가 모세를 죽이려 하였다는 거야. 쉽게 이해할 수 있는 상황이 아니야. 당시에 병사나 감독관 하나를 죽였다고 이집트 왕자가 사형을 선고받았을까? 이집트 왕궁에서 모세의 불안한 위치를 가늠하게 돼. 출생의 한계로 인해 이집트 왕족의 자격을 누릴 수 있는 신분이 아니었던 거지. 그는 히브리인에게도 이집트인들에게도 속하지 못했나 봐. 이집트인들에게는 운 좋은 히브리인일 뿐이고 히브리인들에겐 히브리 피가 흐르는 이집트인으로 비춰졌겠지. 어느

쪽에도 속하지 못한 인생에게 남은 선택이란 무엇일까? 어느 한쪽을 분명하게 선택하는 거겠지.

이런 상황 속에서 모세는 히브리인이란 정체성을 선택했어. 이게 그리 당연한 게 아니야. 그래도 그의 신분이 이집트 왕자잖아. 보통 영화 속에선 이런 경우에 왕자의 자리를 지키기 위해 출생의 비밀을 아는 사람들을 하나씩 제거해 나가지 않나? 모세는 왜 히브리인으로 정체성을 선택한 걸까? 아마도 두 어머니가 지니고 있었던 연민의 마음으로부터 영향을 받았을 거란 진작 정도는 할 수 있을 거야. 두 여인이 지녔던 약한 자에 대한 애정과 연민이 모세에게 그대로 흘러간 것 같아. 이 연민으로 인해 안정된 가해자의 삶과 고된 피해자의 삶 사이에서 모세는 고뇌하지 않았을까? 깊은 연민은 자신의 삶마저 돌아보게 만드는 법이니까. 하지만 모세의 연민은 아직 혼란스러운 상태에 있어. 이집트인의 자리에서 히브리인들을 안쓰러워하는 어중간한 단계였고 열정은 이성보다 앞서나가고 있잖아. 이런 모세의 내적 상황을 고려해보면 우발적 저항인 폭력사건은 예견된 결과일 수 있지. 그런데 어설픈 상태에서 일어난 어설픈 사건처럼 보이는 이 사건의 파장은 컸어. 이로 인해 모세는 모든 것을 잃게 됐잖아. 연민이란 이름으로 행한 첫 선택이 실패로 돌아가고, 그 실패의 무게가 감당할 수 없게 되면 절망과 체념이 함께 오게 될 거야. '해도 안 된다'는 생각이 '할 필요도 없다'는 마음으로 내려앉는 거지. 모세는 희망의 쓴맛을 너무 일찍 그리고 너무 크게 겪었어.

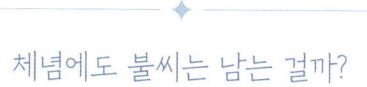

체념에도 불씨는 남는 걸까?

이제 그는 광야에서 체념한 이방인으로 살아가게 될 거야. 그런데 몸을 숨기러 떠나는 미디안 땅에서 모세의 행동을 보면 고개가 갸우뚱해지네. 목자들이 사제 이트로의 딸들을 괴롭히는 상황을 그냥 스쳐지나갈 만도 한데 모세는 여기서도 약자를 도와 행동하고 있잖아. 왜 이리 오지랖이 넓은지 모르겠다. 이게 절망하고 체념한 사람의 모습이 맞나? 모세에게 연민이란 자신도 어쩔 수 없는 자신의 삶에 각인된 꼴인가 봐. 그래서 이집트 감독의 횡포와 동족을 때리는 히브리인에 맞섰다가 이 지경이 됐는데도 횡포를 부리는 유목민과 또 맞서는 거지. 절망을 안고 떠나왔지만 적어도 광야 생활 초반에는 모세에게 그 연민과 열정이 그대로 남아 있었던 것으로 보여.

하지만 그에게 광야 생활이란 그런 연민의 열정을 누르고 살아야만 하는 시간이 될 거야. 세상으로부터 숨어버린 모세는 사십 년이란 시간을 어떻게 보냈을까? 모세는 자기 아들의 이름을 이방인이란 뜻을 지닌 '게르솜'으로 지었어. 이방인의 삶을 받아들인 거지. 이방인의 삶을 받아들인다는 것은 이제 예전처럼 어디에 속하려고 갈등하지 않아도 된다는 거야. 더 이상 이집트 땅에서 벌어지는 아픔에 자신이 어떤 책임을 느끼지 않아도 되는 거지. 이건 연습이 필요하겠다. 쉽지 않아. 열정이란 일으키기도 힘들지만 식히는 데도 그만큼의 눈물이 필요한 거잖아. 열정을 식히기는 그렇게 힘들어도 열정을 식혀내는 방식은 단순할 거야. 세상의 모순에 동조해버리는 게 아니라 다만 행동하지 않는 사람으로 남으면 되는 거거든. 그렇게 행동하지 않으면 조금씩 생각도 식어가게 돼. 세상이 잘못되었다고 숱하게 말하면서도 어떤 행동도 다 부질없는 거라고 여기는 사람들은 사실 체념의 광야에 살고 있는 거잖아. 이방인 모세의 광야는 체념의 광야였을까? 아니면 기나긴 이방인 생활에도 불구하고 자신에게 각인된 연민의 뿌리를 지켜낼 수 있었을까? 체념이 굳어지는 긴 시간 동안 열정은 온전히 사라지게 될까? 아니면 억눌려 있을 뿐인 걸까? 너희는 어떻게 생각하니?

마음속 사막에는
눈물 한 방울의 습기도 없어서
모든 게 흩날린다.
마음속 사막에 들어선 사람은
그래서 한여름 장마 속에서도
눈 속에 굵은 모래 몇 개씩은
넣고 다닌다.

걸음 둘

부르시고
설득하시는

하느님

탈출 2,23 - 4,17

끝없는 강제 노역, 죽어가는 여린 생명, 빼앗긴 자들끼리 벌이는 서글픈 다툼, 혹독한 대가에 무너지는 살얼음 같은 저항, 히브리인들의 모습입니다. 신음하고 희망하는, 희망해야 하는 몸부림입니다. 하지만 인간의 희망은 시간 앞에 무력합니다. 아픔이 짙을수록 희망은 짙어질 수 있지만 아픔이 길어지면 체념이 강해지니까요. 희망을 부둥켜본 사람은 압니다. 바뀌지 않는 것들이 어쩔 수 없는 것들로 바뀌는 순간에 치고 들어온 무의미가 희망의 치열함을 어떻게 조롱하는지 알고 있을 겁니다. 그래서 체념은 하나의 유혹으로 선택에 따른 것이 아니라 견딜 수 없는 순간에 숙명처럼 오게 됩니다.

사막으로 들어선 모세가 그러했을 듯싶습니다. 그는 세상 밖으로 벗어나서 자기 안쪽에서 문을 잠가버렸습니다. 희망마저 죽은 자리에선 울음소리마저 사라지지요. 누구도 들어주지 않는 마른 슬픔이 내는 모래 소리만이 남게 됩니다. 그게 사막이겠지요. 모세와 히브리인들은 그렇게 저마다 마음의 사막으로 내몰렸습니다. 하느님만이 희망일 수밖에 없는 자리이고 하느님만이라도 희망으로 남아야 하는 자리 같습니다. 이제 광야 한가운데서, 그리고 마음의 사막 한가운데에서 아픔을 들으시고 보신 하느님이 등장하고 있습니다. 하느님이 움직이시는 거지요. 하느님은 모세의 마음속 어딘가에 남아 있을 희망이란 불씨를, 연민의 불씨를 찾아내려 켜켜이 쌓인 체념의 더미 속을 조심스레 뒤적거립니다. 그리고 그 불씨에 불꽃을 피워 다시는 꺼지지 않게 할 거라고 모세를 설득하고 또 설득하고 계십니다.

편지 4

떨기나무 불꽃 속의 만남

탈출 2,23-3,11

◆

한 사람이면 충분할까?

이제야, 드디어 하느님이 등장하고 있어. 하느님의 등장에 어떤 표현이 어울릴까? 우리 아이들의 상처에 대한 이야기를 듣다보면 가끔 하느님께 화가 날 때가 있지. 도대체 당신은 뭘 하고 있었느냐고 따지고 싶을 때가 있잖아. 탈출기에서 하느님은 이스라엘 자손들의 고통을 "똑똑히 보았고, 울부짖는 그들의 소리를 들었고, 그들의 고통을 알고 있다"고 말씀하셔. 하느님이 그들의 고통을 '안다'라고 할 때 쓰이는 히브리말 동사가

'야다*yada*'인데, 그냥 단순히 사건을 아는 게 아니라 보다 적극적으로 '온전히 안다'는 의미를 지닌 말이야. 고통이란 겪어보지 않았다면 가늠할 수는 있을지라도 온전히 알 수가 없는 거잖아. 하느님이 고통을 온전히 안다는 말은 그래서 하느님도 그 고통을 그들과 함께 그대로 겪으셨다는 말처럼 들려. 사람이 고통받으면 하느님도 고통받는다는 사실을 자꾸 잊게 돼. 하느님이 사랑이라면 당연히 함께 아플 수밖에 없는 건데. 이제 하느님이 이스라엘 자손들의 아픔을 걷어내시려고 직접 세상에 모습을 드러내시고 있어. 이는 어쩌면 숙도록 아픈데 누구도 아파하지 않는 세상이 되었다는 이야기일지 몰라. 끝까지 아파하는 하느님이, 하느님만이라도 움직여야 하는 어둠에 이르렀다는 거지.

 하느님의 첫 행보는 사막에 숨어든 한 사내를 만나는 일이었어. 모세와의 만남이지. 그런데 수많은 백성이 겪고 있는 참혹함과 어둠의 깊이에 비하면 하느님의 첫 등장이 너무 조촐한 것 같지 않니? 얼마나 기다렸던 순간이겠어. 두둥둥 북소리라도 들려야 할텐데, 겨우 사막 한가운데 황량한 산 위에 작은 나무 한 그루에서 한 사람에게 조용히 모습을 드러내고 있잖아. 세상에 모습을 드러낸 것이 아니라 한 사람에게 드러냈다는 말이 더 맞을 거야. 하느님의 움직임은 항상 이러네.

언제나 한 사람 한 사람과 소통하고 한 사람 한 사람을 통해 일하시나 봐. 이 조촐함이 당황스럽니? 아니면, 하느님이 움직이시는 데에는 당신과 같이 아픔을 느낄 수 있는 한 사람으로도 충분하다는 희망으로 들리니? 그것도 아니면, 한 사람만이라도 필요하다는 절박함으로 들리니? 이 모든 게 아파하는 하느님의 마음이었겠지.

왜 하필 이 사람일까?

모세를 부르는 과정을 살펴보면 하느님이 얼마나 모세에게 공을 들이고 있는지 알게 될 거야. 하느님은 모세에게 무엇을 보셨을까? 그 많은 사람 중에 왜 하필 모세였을까? 젊은 날의 모세는 약자에 대한 연민으로 가득 찬 사람이었지. 이스라엘 백성을 고통에서 구해내는 일을 하려면 하느님처럼 이 아픔을 아는 사람이어야 하지 않겠어? 거기다 모세는 이집트 권력과 히브리인들의 생리를 누구보다 잘 알고 있잖아. 그러면서도 양쪽의 모순에 물들지도 않았고. 이집트의 권력에 애착하지도 않고 히브리인들의 노예근성에서도 자유로운 사람이었다는 뜻이야. 나중에 이스라엘 백성을 시나이산까지 데려가려면 광야 길도 잘 알고 있는 사람이어야겠지. 이리저리 따져봐도 앞으로 하느님이 하시고자 하는 일에 모세만큼 적합한 인물도 없을 듯해.

  너희도 여기까지 와서 아이들을 위해 산다는 건 하느님이 부르셨기 때문이란 걸 알고 있니? 운이 좋아서가 아니야. 왜 꼭 너희를 불렀을까? 그래, 너희도 모세처럼 그 안에 아픔에 대한 연민이 가득했기 때문일 거고, 치열한 경쟁 속에 서로 이기려고만 하는 세상에서 벗어난 사람들이었기 때문일 거야. 그런데 너희가 아무리 적합한 사람이었다고 해도 아이들과 살기 위해선 각자 또 다른 문제들을 넘어서야만 했을 거야. 가족 문제거나 애정 문제거나 학업 문제거나, 아니면 각자의 숨겨진 상처일 수도 있지. 모세도 그래. 모세에겐 너희보다 더 큰 문제가 있었어. 체념이란 거지. 모세는 마음의 유배지에 들어선 인물이었잖아. 모세만 한 인물이 없긴 한데 하느님이 모세와 함께 일하시려면 먼저 긴 시간 굳어진 체념의 공간에서 모세를 구해내야만 해. 사십 년이란 시간이 지났으니 이집트 땅에서 받은 상처들이 이제쯤은 아물었을지도 모르지. 아니면 시간 속에서 되씹는 기억처럼 더 깊게 상처받고 있었을까?

떨기나무 불꽃은 뭘까?

하느님이 시나이(호렙)산에서 양 떼를 치던 모세와 만나는 장면을 보자. 하느님은 기다리고 모세는 다가가지. 첫 만남을 위한 하느님의 준비가 참 세심한 것 같아. 우리가 아이들을 만난 광경을 떠올려봐. 아이들은 거기 있었고 우리가 다가간 거잖아. 그리고 거기서 하느님을 만나게 되는 거고. 하느님이 이 자리에서 우리를 기다리고 있었다는 생각을 해봤니? 너희가 우리 집을 처음 찾아왔을 때는 대부분 호기심 때문이었을 걸. 궁금해서 한번 살아보겠다는 마음이었겠지. 모세도 비슷해. 모세는 떨기나무에 불이 휩싸였는데 타서 없어지지 않는 광경을 보고 "내가 가서 이 놀라운 광경을 보아야겠다. 저 떨기가 왜 타버리지 않을까?" 하며 다가가서 하느님의 목소리를 듣게 돼.

 모세를 처음 움직이게 했던 건 바로 호기심이었어. 모세는 이 기이한 현상에서 무의식적이라도 어떤 상징을 읽었을지 몰라. 호기심이란 게 평소에 관심이 있어야만 발생하는 거잖아. 관심이 없으면 그냥 신기한 일이려니 하고 지나칠 일이야. 무엇이 모세의 호기심을 자극했을까? 불꽃에 휩싸인 떨기나무를 상상해보면 연약한 사람 안에 깃든 열정이 떠오르지 않니?

자신마저 태워버릴 열정이란 매혹적이지만 두렵기도 한 거지. 그래서 우린 흔히 열정에서 도망치기 일쑤잖아. 더욱이 젊은 날 섣부른 열정으로 인해 모든 것을 잃어버린 모세라면 열정의 두려움을 누구보다 잘 알고 있었을 거야. 그런데 떨기를 하나도 태우지 않고 활활 타오르는 불꽃이라니! 호기심이 일 만하네.

이 떨기나무 불꽃은 마치 하느님이 모세에게 주는 약속이며 위로 같지 않니? 네가 지나온 열정의 아픔을 알고 있다고, 이제는 열정에 휩싸이더라도 무엇 하나 잃지 않게 할 거라는 약속일 거야. 이제 하느님은 모세에게 세상의 상처와 계산을 벗어놓듯 신발을 벗어놓고 거룩한 자리로 가까이 오라고 청하셔. 거룩한 자리에서 들어야 하는 말은 거룩한 마음으로 들어야만 한다는 뜻이겠지. 그리고 나서야 모세에게 고통받는 이스라엘 자손들을 이집트에서 이끌어내라는 요청을 하시는 거야.

소명은 명령일까?

명령이라고 볼 수도 있지만 받아들이지 않으면 소용없는 명령이라면 그건 요청이라고 봐야겠지. 요청이라고 힘이 없는 게 아니야. 하느님의 요청을 듣는다는 건 하느님의 간곡한 마음을 듣는 일이잖아. 이 소명 이야기를 몇 번 다시 읽어봐도 내 귀엔 하느님의 간곡하고 아픈 요청으로 들리네. 이 소명의 순간을 모세는 기다려왔을까? 아니면 나이가 들어가며 피하고 싶었을까? 너무 긴 시간이 흘렀어. 그럼에도 불구하고 하느님은 모세의 가슴에 떨기나무 불꽃을 놓을 수 있을까?

너희가 모세라면 이 간곡한 마음을 받아들이겠니? 너희는 누군가의 간곡한 마음을 들으면 쉽게 받아들여지니? 그게 쉬운 게 아니야. 기억나니? 예전에 갓난아기들을 받아서 8개월까지 우리가 각자 방에서 키웠었잖아. 처음엔 다들 자기가 아기를 키우겠다고 하더니 한 번 키워본 다음부터는 또 하고 싶지 않아 하더라. 아이 셋이 함께 들어오기로 한 날, 아침에 회의를 하면서 누구 방에서 키울 거냐고 물었더니 아무도 대답하지 않았잖아. 너희의 머뭇거림에 짜증이 나서 너희 이렇게 살려고 여기 왔느냐고, 차라리 아기들 다 내 방에 데려다 놓으라고 화를 내고 나가버렸지. 나갔다 돌아왔더니 내 방에 아기 침대 셋이 나란히 정돈되어 있더라. 정말 이럴 줄 몰랐는데, 자존심 때문에 몇 개월 고생하고 나서 엄마 없이 들어오는 아기들은 안 받기로 규칙 자체를 바꾸게 되었지. 그때, 내가 얼마나 간곡하게 너희를 바라봤는지 아니? 뒷말이 더 웃

기더라. "신부님도 참, 힘들 텐데 직접 하시겠다니 어쩌겠어. 성질도 급하셔서 원." 간곡하다고 다 받아들여지는 게 아니더라. 다들 짧은 순간에 많은 걸 따져보고 있더라고. 아마 모세도 그럴 거야.

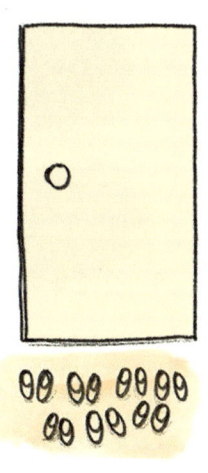

아이들이 신발을 벗고
침실로 들어갔다.
하느님을 만나는지
수런수런거린다.
떡갈나무 꿈이라도 꾸었으면
좋겠다.

편지 5

자격에 대한 모세의 질문들

탈출 3,12-22

◆

소명을 '감히' 내가?

하느님의 간곡하고 아픈 요청을 들은 모세는 한 발 뒤로 물러서고 있어. "제가 무엇이라고 감히 파라오에게 가서, 이스라엘 자손들을 이집트에서 이끌어낼 수 있겠습니까?"라고 말하잖아. 자격에 대한 질문이긴 하지만 왠지 거부의 뉘앙스를 풍겨. '제가 무엇이라고', '감히'와 같은 말들은 겸손의 말들인데 왜 이렇게 투덜거림으로 들리지? 모세의 말에서 모세의 옛 상처가 떠올라서 그런가 봐. 동족을 때리던 히브리인이 모세에게 했던 말과 닮았잖아. "누가 당신을 우리의 판관이나 지도자로 세우기라도 했소?" 이 말이 얼마나 깊이 모세의 가슴에 비수로 꽂혔으면 사십 년이 지났는데도 이리 선명하게 남아 있을까 싶어. 어쩌면 모세는 사십 년 동안 이 질문에 괴로워했겠지만 체념 외에는 대답을 찾지 못했을 거야.

너희는 고통받는 이들을 사랑하는 열정에 무슨 자격이 필요하다고 생각하니? 아파하는 마음이 그냥 자격이지 않나. 무슨 자격증이 있는 것도 아니고. 그런데 누구든 한번 사랑에 상처를 입으면 이렇게 돼. 내가 봉사할 자격이 있는 건가라고 자격지심을 갖게 되지. 너희도 아이들한테 상처받고 나면 자기가 아이들을 사랑할 자격이 있는지 모르겠다고 괜히 투덜대잖아. 상처로 인해 자격지심을 갖게 되면 사람은 자신을 있는 그대로 볼 수 있는 힘을 잃게 돼. 자신을 너무 작게 보게 되지. 아마 모세가 자격에 대해 하느님께 드리는 질문 속엔 투덜거림과 함께 축소된 자기인식이 섞여 있는 것 같아. 모세뿐이겠어. 소명에 대한 요청을 받으면 이유야 조금씩 다르겠지만 다들 한발 물러서서 '감히 제가' 혹은 '하필 저에게'라는 말로 작은 자기를 숨기게 되지 않나?

사랑이 소명의 자격일까?

하느님의 대답은 간결하면서도 엉뚱해. "내가 너와 함께 있겠다. 이것이 내가 너를 보낸 표징이 될 것이다." 하느님이 함께 있다는 것이 자격이 될 거란 이야기잖아. 어렵다. '하느님이 함께 있다'는 말이 위로와 약속을 넘어서 자격이란 뜻이잖아. 생소하네. 고통 속에 있는 사람에게 하느님이 함께 있다는 건 분명 따뜻한 말이 맞아. 하느님이 그 고통을 함께 지시겠다는 말이니까.

그런데 문제는 고통받는 사람을 돌보라고 선택된 사람에게 하느님이 함께 있겠다는 약속은 참 부담스러운 면이 있거든. 하느님이 지켜줄 테니 하느님 마음으로, 하느님만큼 사랑하라는 요청을 담고 있기 때문이지. 너희도 가끔 그러잖아. 내가 하느님이 너희랑 함께 일하고 계신다고 하면 제발 하느님 좀 몰랐으면 좋겠다고. 하느님을 모르면 이렇게 양심에 찔리는 일도 없을 거라고. 어쩌겠어, 그렇게 찔리라고 하느님이 함께 있는 건데. 고통을 아는 하느님이 함께 있는 사람이란 그 고통을 하느님과 함께 짊어지는 사람이란 뜻이라서 원래 힘들단 말이야. 그런데 그게 자격의 증표래. 아! 그러면 소명의 자격은 하느님이 함께 걷는 온전한 사랑에 있다는 이야기가 되잖아. 하느님처럼 사랑하는 그 모습이 바로 소명의 자격이 된다는 거지. 이러면 그만큼 살아내지 못한 우리 모두가 갑자기 부끄러워지네. 소명의 열정이란 완벽한 사랑을 하는 게 아니라 사랑하려는 발버둥이니까, 살아내지 못한 누추함마저 끌어안고 가는 길이려니 해야지. 여하튼 모세는 하느님의 요청을 슬쩍 모른 척하려다가 도리어 하느님께 말려든 것 같다. 자격 운운하지 말고 일단 사랑을 시작하라는 거잖아. 그러면 그 열정을 하느님이 지켜줄 것이고, 그 사랑이 곧 사격이 될 거라고. 견고한 체념에 균열이 생기는 것 같아. 하느님의 짧은 대답이 분명 모세를 흔들고 있는 건만은 확실해. 부정적이던 모세가 먼저 주도적으로 질문을 이어가는 것을 보면 알 수 있어.

◆

소명은 왜 불안할까?

모세의 두 번째 질문은 "그들이 저에게 '그분 이름이 무엇이오?' 하고 물을 터인데, 제가 그들에게 무엇이라고 대답해야 하겠습니까?"라는 거야. 하느님과 함께한다는 것이 소명의 자격이 된다면, 하느님 당신은 도대체 누구냐고, 아니 어떤 분이냐고 묻고 있는 거지. 모세는 구체적으로 이름을 묻고 있어. 꽃이라 부를 때는 '꽃이란 이런 거'라는 본질을 담고 있고, 사람이라 부를 때는 '사람이란 이런 거'라는 본질을 담고 있는 거잖아. 하느님의 이름을 묻는다는 건 당신은 도대체 어떤 분이냐고 묻고 있는 거야. 교만한 생각까지 덧붙이자면, 자신에게 소명과 자격을 부여하려는 하느님이 그만한 자격이 있는지 분명하게 알고자 하는 거지. 이름이 궁금해서가 아니라 자신이 믿고 따를 수 있는 분인지를 확인하고자 하는 거야. 왜냐하면 한 번 만난 하느님을 모세는 아직 확신할 수 없었을 테고, 만약 이스라엘 백성도 자기처럼 생각하고 있다면 문제가 될 수 있잖아.

 이런 모세 앞에 하느님은 당신의 이름을 "야훼*YHWH*"라고 밝히셔. "나는 있는 나다(I am who I am)"라는 뜻이래. 훗날 이스라엘 사람들은 거룩한 이름을 함부로 부를 수가 없다고 여겨서 문자로는 "야훼"라고 쓰고, 읽을 때는 주님이란 뜻을 지닌 '아도나이'라고 읽었다고 하네. 여하튼 하느님은 모세의 속을 꿰뚫어 보고 있어. 사실 이름을 묻고 있는 모세의 질문은 불안에서 출발하고, 하느님의 답변은 모세의 불안이 무엇인지 알고 있는 거 같아. 생각해 봐. 너희는 이 길을 걷기 시작할 때 어떤 불안이 있었니? 무슨 일이 벌어질지 알 수 없는 상황을 혼자 견뎌야 할지도 모르고, 무작정 뛰어들었다가 무책임하게 인생의 변두리로 내몰릴 수도 있다는 불안이지 않았니? 당신은 어떤 하느님이냐고 묻고 있는 모세의 불안도 비슷하지 않았을까?

그런 모세에게 주는 "야훼"라는 이름은 마치 약속의 이름 같다. 너의 조상들의 하느님이었고, 지금 너의 하느님이고, 영원히 너희의 하느님일 거라는 대답이잖아. 무슨 일이 있어도 변함없이 함께 있을 거란 약속으로 들리지 않니? 한순간 나타났다가 잠적해버리는 하느님이 아니라 모든 순간에 너와 함께 있을 하느님이란 거지. 그러니 너의 소명과 열정 속에서 불안해하지 말라고, 등을 토닥이는 손길처럼 따뜻한 이름으로 들려.

그리고 나서야 하느님은 모세가 해야 할 일들을 세세하게 알려주셔. 이제 새롭게 시작하는 모세의 열정은 예전처럼 무계획으로 뛰어드는 불안한 무모함이 아닐 거야. 이스라엘 원로들에게 찾아가서 하느님의 계획을 알리고 그들과 함께 파라오를 찾아가 광야로 내보내 줄 것을 청하는 일, 하지만 파라오가 허락하지 않을 거란 사실, 그러면 하느님이 이적을 일으켜 이집트를 치고 난 뒤에야 이스라엘 백성을 놓아주게 될 거란 사실, 떠날 때는 이집트인들의 재물을 들고 나올 거란 사실을 알려주고 계셔. 활동 계획서 같아. 세세한 설명이지. 이미 계획을 세웠고 그 세세한 걸음 하나하나를 함께할 것이니 이제 함께 시작하기만 하면 된다는 거야. 불안한 모세는 이렇게까지 준비한 하느님을 믿고 따라나설 수 있을까?

  나도 이 길을 처음 떠날 때 어떤 불안이 있었을 텐데 이제 오래되어서 기억도 나지 않는다. 이렇게 기억도 안 나는 걸 보면 불안이란 것도 참 별거 아닌 건데, 왜 뭔가를 시작하기 전엔 그리 사람을 괴롭히는지 모르겠어. 그런데 너희는 처음에 뭘 믿고 이렇게 살기로 한 거니? 이런 불안 정도는 예전에 넘어선 거니? 아직도 그런 과정에 있다 해도 걱정하지 마. 야훼 하느님이란 이름을 되새기면서 한 번만 넘어서게 되면 그때가 생각도 나지 않을 거야.

큰 녀석에게 어린아이들
숙제 좀 도와주라 했더니
제가 '감히' 무슨 자격으로
그걸 할 수 있겠느냐고 한다.
이 녀석을 어쩔까?

편지 6

능력에 대한 모세의 질문들

탈출 4,1-17

소명에도 능력이 필요할까?

하느님의 세세한 계획을 듣고 나서 오히려 모세는 걱정이 늘었어. 변명으로 숨어버릴 수 없다면 현실을 대면해야 하잖아. 고민이 많을 수밖에 없지. 그래서 "그들이 저를 믿지 않고 제 말을 듣지도 않으면서 '주님께서 당신에게 나타나셨을 리가 없다' 하면 어찌합니까?"라고 질문을 이어가고 있어. 그들에게 가서 하느님이 보내서 왔다고 하면 그들이 순수하게 자신을 지도자로 인정하겠느냐는 말이잖아. 당연한 의문이야. 하느님이 모세에게 나타난 사실은 개인적 체험이니까 다들 모세에게 어떤 확실한 증거를 요구하겠지.

하느님도 이 요구의 정당성을 인정하셔. 그래서 모세에게 당신의 능력을 나눠주고자 해. 그런데 하느님이 나눠주는 능력이란 게 생각했던 거와는 다르네. 뭔가 거창할 줄 알았는데 조금은 상징에 가까워 보여. 지팡이가 뱀이 되는 이적, 손이 나병에 걸렸다가 금방 깨끗해지는 이적, 아직은 예언이긴 하지만 나일강에서 퍼온 물을 땅에 부으면 피가 될 거라는 이적이야. 지팡이는 지도자의 표싱이라서 어디서든 권위와 권력을 상징하잖아. 지팡이가 독사로 변하는 이적은 사람의 손을 떠난 권력이란 누구를 죽일지 모르는 독사가 된다는 상징으로 보이네. 그런데 "손을 내밀어 그 꼬리를 잡아라"라고 하는 하느님 말씀이 특별해. 독사의 머리를 잡는 게 아니라 꼬리를 잡으라잖아. 위험한 권력이 다시 지팡이가 되려면 두려움 속에서 낮은 이들, 고통받는 이들에게 손을 내밀어야 한다는 뜻이겠지. 꼬리가 지팡이의 머리란 사실을 아는 것이 권력의 핵심일 거야.

또 손의 나병이 치유되는 이적은 정화에 대한 상징으로 보여. 권력이란 누구의 손에 쥐어지느냐에 따라 칼이 될 수도, 지팡이가 될 수도 있는 거잖아. 지팡이라는 권력을 쥐어야 하는 손은 언제나 돌봄의 손이어야만 해. 만약 탐욕과 폭력으로 얼룩진 손이라면 나병과 같은 거고 반드시 정화되어야만 하겠지. 그래도 탐욕의 폭주가 멈추지 않는다면 나일강이 피로 물들게 될 거라는 예언으로 이어지고 있어. 훗날 열 재앙의 시작을 알리는 예언이라고 봐야지. 아무래도 문맥상 이런 상징 해석들이 가능할 거야. 이 이적들이 소명과 상관없이 단순한 이적으로만 이해된다면 주술과 다를 게 없잖아. 모세가 받은 이적의 능력 속에는 잘못된 권력을 바로잡고 치유하려는 하느님의 의지가 담겨 있다고 봐야 할 거야.

그런데 표징으로서는 알겠는데 이 능력이 과연 현실에서 어떤 효과를 낼 수 있을지는 좀 헷갈리네. 사람들 앞에서 이 능력을 보여주면 처음에야 다들 신기하다고 구경할 거야. 하지만 몇 번 더 보고 그것뿐이면 이제 그만하라고 할걸. 혼자 방에서 해봐도 몇 번 하고 나면 지겨워서 더는 안 할 거야. 하느님이 주신 능력이 자신을 위기에서 구해줄, 사람들을 휘몰아갈 수 있는 특별한 능력이 아니란 거야. 그게 목적이었다면 번개를 내리치는 능력을 주시는 게 더 좋지 않았을까? 확실히 이 능력은 잘못된 권력의 위험을 보여주고 그것을 바로잡을 수 있는 힘에 대한 상징일 뿐이야. 모세는 이 표징과 같은 길을 걷게 될 거야. 그리고 모세는 이 표징을 통해 자신이 해야 할 일이 무엇인지 잊지 않게 되겠지. 소명에도 능력이 필요하다면 그건 소명의 의미를 잊지 않고 확인할 수 있는 마음일 거야. 의미를 꾸준히 살아낸다는 게 얼마나 대단한 능력인지 너희도 알고 있잖아.

소명에는 동료가 필요할까?

히지만 모세는 이 이적들에 담긴 표징들을 알아듣지 못한 것 같아. 이적들에 대한 어떠한 반응도 보이질 않잖아. 아니면 너무도 잘 이해한 건가? 다만 그런 이적들이 현실에서 무슨 소용이 있겠느냐는 회의가 들었는지도 모르지. 파라오가 권력의 생리를 몰라서, 또 이런 이적을 못 보아서 저 모양인 건 아니니까. 이제 모세는 소명을 거부하기로 마음의 결정을 내렸어. "저는 말솜씨가 없는 사람입니다. 저는 입도 무디고 혀도 무딥니다. 보내실 만한 이를 보내십시오." 모세는 자신의 무능력한 말주변을 내세워 하느님의 요청을 거절해. 모세는 처음부터 자신이 해야 할 일이 이스라엘 사람들과 파라오를 설득시키는 일이라고 생각했잖아. 그런데 하느님이 주신 능력이 강력한 역할을 하지 못한다면 남은 것은 오직 자신의 무능한 말주변뿐이라는 거지. 그래서 할 수 없다는 거야. 왠지 변명의 냄새가 나지 않니?

그런 모세에게 "네가 말할 때 내가 너를 도와, 무슨 말을 해야 할지 가르쳐주겠다"라고 하느님은 또 설득을 하신다. 그래 봐야 모세는 마음을 굳혔고 다시 명확하게 거절 의사를 표현할 뿐이야. "주님, 죄송합니다. 제발 주님께서 보내실 만한 이를 보내십시오." 그러자 하느님이 드디어 화를 내. 하느님 입장에선 해볼 것을 다 해보았는데도 모세가 이리 나오니 역정을 내는 거야. 하지만 하느님도 모세에 대한 집착이 대단하셔. 숨겨둔 카드를 꺼내고 있어. 그의 형이자 말을 잘하는 아론을 대변인으로 세워서 함께 일하는 방식을 제시하시네. 그제야 모세는 마지못해 이집트로 떠나기로 해. 대놓고 하느님의 요청을 거절하던 모세가 아론이 함께한다니까 마음을 바꾼 거야. 모세의 집요한 질문의 근저에는 항상 두려움이 강하게 자리 잡고 있었어. 이 두려움은 하느님이 함께한다는 약속으로도, 이적의 능력으로도, 말을 가르쳐준다고 해도 해결되지 않았잖아.

그런데 어떻게 동료를 붙여주겠다고 하니 그 두려움이 누그러들 수 있는 거지? 동료란 소명을 나눠질 수도 있고, 책임을 나눠질 수도 있고, 그만큼 두려움의 무게도 나눠 가질 수 있는 선물인 거야. 혹시 너희는 동료가 선물이 아니라 뜨거운 감자 같다고 여길지도 모르겠다. 워낙 경쟁에 익숙한 세대들이니까. 그래서 '혼자'는 외롭고 '함께'는 부담스러운 말처럼 들릴 수 있지. 꿈을 꾸는 동료는 경쟁하는 사람이 아니야. 같이 꿈꾸면서 같이 꿈을 지탱하고 있는 사람이지. 사실 꿈이 가벼우면 동료가 필요 없어. 꿈이 무거울수록 그 꿈을 같이 들고 있을 동료가 소중해지지. 동료가 하나 생기는 건 그만큼 한 발자국이라도 더 걸을 수 있다는 얘기잖아. 하느님이 모세에게 주시는 소명은 무거운 꿈이었을 거야. 그럼에도 이제 같은 꿈을 꾸는 동료가 있다니까 모세는 겨우 한 걸음을 움직이기로 결정해. 이 마음 이해되지 않니?

긴 실랑이가 끝났어. 사람을 체념에서 꺼내는 일이, 사람 속에 다시 희망을 담는 일이 이렇게 어렵다. 그럼에도 불구하고 어떡하든 소명은 '시작하는 한 걸음'이 중요해. 아무리 작더라도 불꽃을 만들어야 더 크게 타오를 수 있는 거니까. 아! 하지만 너희에게 이렇게 말하면 오해의 소지가 있겠네. 한 걸음이 소중하다고 말하면 너희는 딱 한 걸음만 놓으려고 하잖아. 한 걸음은 놓는 거지 걷는 게 아니야. 한 걸음이 소중한 건 걷기 위해 움직였다는 사실에 있는 거다. 한 걸음만 놓은 채 자기가 달리고 있다고 착각하는 뺀질대는 바보는 되지 말자. 머리 좋은 뺀질이는 가르치면 되고 성실한 바보 녀석은 돌봐주면 되는데, 뺀질대는 바보는 정말 대책이 없는 거 알잖아.

소명은 왜 이리 간절할까?

긴 대화가 끝났어. 모세와 하느님의 대화는 그 자체로 재미있지 않니? 이 대화를 보면 거룩함에 대한 오해 중 하나가 수동적인 수용과 침묵이 아닌가 싶어. 침묵은 긴 대화의 끝에 놓인 바다와 같은 것인데, 우린 처음부터 할 말이 없어서 침묵할 때가 많잖아. 모세를 봐. 하느님께 질문하고 거부하고 투정하고 뺀질거리고 있어. 하느님은 그런 모세와 집요하게 대화하고 있고. 모세와 하느님의 대화를 보면 하느님이 전혀 권위적이지가 않아. 오히려 모세의 한 걸음을 위해 하느님이 더 애원하는 느낌이 들지 않니? 대화는 간절한 사람이 밀리게 돼 있어. 이렇게까지 모세를 설득하시는 하느님의 모습은 그만큼 당신 백성을 고통 중에서 건져내시고자 하는 간절함 때문일 거야. 그만큼 하느님이 더 아프시기 때문이지. 저녁마다 성체조배하는 시간이 힘들 때가 있지? 뭔가 마음 상한 일을 겪은 날이면 잠깐 앉았다가 빨리도 도망가더라. 하느님이 자꾸 자기만 혼내는 거 같아서 억울하다고 꿍얼대잖아. 그럴 땐 걱정하지 말고 좀 투정 부려도 돼. 어떡하든 다시 힘내라고 하느님이 너희를 어르고 달래주실 거야. 왜냐하면 우리보다 하느님이 우리 아이들 때문에 더 아파하시거든.

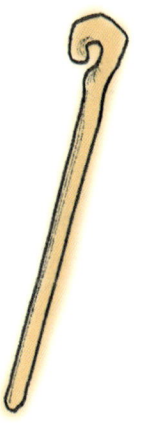

소명을 주면
능력의 지팡이도 주는 걸까?

금지팡이, 은지팡이
찾고 있는 걸까?

나무 지팡이라고
모른 척한 걸까?

걸음 셋

소명을
이끄시는

하느님

탈출 4,18 - 7,7

　　모든 소명은 사랑에 대한 요청입니다. 모세의 소명도 그러합니다. 히브리인들의 고통을 하느님의 마음으로 들어야 하고, 그들을 고통에서 건져내기 위해 하느님과 함께 걷는 길입니다. 그래서 소명은 사랑과 같은 운명을 살 수밖에 없습니다. 모든 사랑이 상처를 받는 일이라면 소명도 그렇습니다. 상처로 인한 갈등 속에서 성장해 나가겠지요. 모든 사랑이 한 번의 선택으로 완성되는 것이 아니라면 소명도 그렇습니다. 계속된 선택을 통해서만 성장하고 완성되겠지요. 결국 모세 역시 소명으로 인해 상처받을 것이고 그 안에서 더 깊은 선택을 해야만 할 겁니다.
　　모세의 첫 갈등은 자신이 사랑해야 하는 히브리 백성에게 다시 한번 거부당한 사건에서 시작됩니다. 쉽지 않습니다. 겪어본 배신이라고 해서 아픔이 가벼워지는 것은 아닙니다. 오히려 더 아플 수 있지 않을까요? 모세를 집요하게 설득하던 하느님도 이 사실에 대해선 미리 알려주지 않았습니다. 입을 꼭 다물고 숨겨놓았습니다. 계산해서는 넘어설 수 없는, 다만 부딪혀야만 넘게 되는 길이 있으니까요. 화해나 용서가 그렇고 사랑과 소명의 길이 그럴 겁니다. 이제 현장에 들어선 모세는 자신에게 다시 등을 돌리는 백성 앞에서 분명 갈등하게 되겠지요. 굳이 그들이 원하지 않는 사랑을 해야만 할까요? 사랑받지 못하면서까지 그들의 아픔을 사랑해야만 할까요? 소명은 짝사랑의 길을 닮았나 봅니다. 그래서 사랑의 깊이만큼 지켜낼 수 있는 길이겠지요.

편지 7

할례 사건과 소명의 무게

탈출 4,18-26

저마다 무게가 다른 걸까?

결국 긴 대화 끝에 모세는 지팡이를 들고 이집트로 떠나기로 해. 그런데 뭔가 좀 찜찜한 게 보이네. 동료를 약속받음으로써 소명의 무게가 줄었다고 느낀 걸까? 왠지 소명에 한쪽 발만 담그고 있는 인상이야. 이집트로 떠나기 위해 장인 이트로에게 하는 말을 들어보면, "이집트에 있는 친척들에게 돌아가 그들이 아직 살아 있는지 보아야겠습니다"라고 해. 민족적 소명이나 연민의 소명도 아닌 가족, 친지에 대한 관심이잖아. 혹여 그들이 없다면 돌아오겠다는 말처럼 들리기도 해.

제법 긴 시간이니 이집트 상황도 많이 변했어. 모세를 노리던 사람들은 모두 죽고 새로운 파라오가 등극했으니 이집트로 돌아가는 데 큰 문제는 없었을 거야. 그래서 모세는 아내와 자식까지 데리고 길을 떠나고 있지. 확실히 모세의 걸음에서 어떤 결단이 느껴지지가 않아. 목숨을 걸어야 하는 소명이라면 절대로 가족을 동반하고 갈 수가 없지. 떠나보기는 하지만 여차하면 빠져나갈 수 있는 여백을 두고 있는 건가? 그는 이스라엘 백성을 이끌어내는 소명을 그렇게 무겁게 생각하지 않았던 거 같아.

오히려 하느님만 홀로 결연해. 모세에게, 기적을 일으켜도 파라오가 이스라엘 백성을 놓아주지 않을 거란 이야기를 하시고, 파라오가 그렇게 고집을 피우면 끝내 "내가 너의 맏아들을 죽이겠다"는 말까지 전하라고 하시네. 하느님의 계획이 그렇다면 이건 목숨을 걸어야 하는 일이야. 파라오의 맏아들을 죽이겠다는 말이잖아. 확실히 하느님과 모세, 서로가 생각하는 소명은 무게의 차이가 심각해. 소명의 무게는 고통받는 이들의 아픔이 지닌 무게와 같은 것인데 같은 아픔을 서로 다른 무게로 바라보고 있나 봐.

뭐 우리도 이런 무게 차이 때문에 갈등할 때가 있었지. 너희가 처음 우리 집을 찾아왔을 때 기억하니? 처음엔 다들 좋은 마음으로 아이들과 기쁘게 뛰어놀면 될 거라고 쉽게 생각하고 오잖아. 묘하게도 한국 정서에는 봉사라는 게 돈을 받지 않고 하는 거라서 돈 버는 일보다는 좀 느슨할 거라는 착각이 있거든. 내가 필요한 시간에 필요한 만큼 주는 게 봉사라고 여긴다면 그럴 거야. 그런데 막상 살아보면 생각하지 못했던 삶의 방식과 마주하게 되잖아. 일단 아이들 속으로 들어가서 똑같이 먹고 같은 시간표로 생활한다는 게 쉽지가 않아. 아이들을 위해서 일을 하는 게 아니라 아이들과 생활을 공유할 것을 요구받게 되지. 너희에게 익숙했던 주일학교나 직장 시스템과 무척 다르지. 거기서는 정해진 일을 하고 나서 일이 끝나면 각자 즐겁게 지내면 되니까 말야. 서로 많이 다르지. 처음엔 다들 왜 꼭 이렇게까지 해야 하느냐고 술렁거리게 돼.

아이들의 상처를 보는 눈이 달라서 그래. 그 애들의 상처는 누가 그들을 위해 어떤 좋은 것을 주지 않아서 생긴 게 아니거든. 그보단 아이들 편에 누구도 함께 있지 않아서 생긴 거야. 물론 재밌게 해주고 좋은 물건도 주면 아이들은 좋아하겠지. 하지만 그것으로 아이들의 상처가 아물지는 않아. 오히려 아이들이 자신을 향한 동정을 이용하는 왜곡된 결과가 발생하는 경우가 많아. 아이들에겐 다만 변함없이 자기 옆에서,

자기와 함께, 자기처럼 지내는 사람이 필요한 거지. 그래서 힘들어도 아이들과 함께하는 삶의 방식을 선택할 수밖에 없어. 이 방식이 몸에 배게 되면, 따로 좋은 걸 먹거나 좋은 데를 가면 괜히 아이들에게 미안해지기 시작하지. 비로소 사랑하게 된 거야. 이제 너희도 살아낸 시간만큼 그 사랑이 무거워져 있을까? 모세가 첫걸음을 떼는 걸 보면 꼭 너희 첫걸음 때와 비슷하다.

소명은 결연해야만 할까?

어설픈 마음으로 이집트로 떠나는 모세에게 느닷없는 일이 발생해. 한밤중에 하느님이 그를 죽이려 달려드는 상황이야. 이 난해한 상황은 선뜻 이해가 되지 않지. 일단 모세의 부인 치포라가 아들의 포피를 잘라 피를 흘린 다음에야 끝이 나. 물론 쉽게 설명해서 후대 이스라엘 사람들의 전통이 된 할례 의식의 기원을 설명하기 위한 삽입구 정도로 볼 수도 있겠지. 하지만 아무리 삽입구라고 해도 문맥상 연관성이 있어야 하는데 참 느닷없기는 해.

  하나의 실마리를 찾자면 탈출기에선 중요한 국면마다 피

가 등장한다는 사실이야. 초반에는 히브리 남자 아기들의 억울한 피가 등장하고, 이집트를 탈출하는 자리에선 이집트 장자들의 피가 나오고 시나이 계약을 위해선 금송아지를 숭배하던 이들의 피가 나와. 그렇다면 이 할례 사건도 어떤 중요한 전환을 가리키고 있을 수 있어.

문맥 안으로 들어가 볼까? 일단 "주님께서 그에게 달려들어 그를 죽이려 하셨다"고 나오는데, 여기서 "그"가 모세인지 모세의 아들인지는 조금 헛갈려. 확실한 건 모세이든 그의 아들이든 하느님이 죽이려 하셨다는 거야. 하지만 이는 위협에 해당한다고 봐야 할 거야. 하느님이 죽이고자 하셨으면 죽이셨겠지. 죽음 직전에 멈췄다는 건 강력한 위협에 해당하는 상황이었을 거야. 왜 하느님은 죽음의 위협을 가하고자 하셨을까?

문맥의 흐름에서 이 상황은 모세의 안이한 소명 인식과 연관된 듯 보여. 소명을 안이하게 생각하는 모세에게 소명의 결연한 무게를 확인시키는 작업이지 않았을까? 억울하게 죽어간 히브리 아이들의 죽음을 그에게 상기시키고, 거기서 살아 났으면서도 가엾은 죽음을 기억하지도 못하는 모세를 일깨우기 위한 것일 수 있겠지. 모세가 가는 길은 여전히 죽음의 고통 속에 있는 그들을 이끌어내야 하는 결연한 길이잖아. 이 사실을 다시금 모세에게 확인시키는 것 같지 않니? 모세의 아내가 아들의 포피를 자르면서 일이 마무리되는 것을 보면 이런 가정에 힘이 실리지. 아들의 목숨을 내놓는 심정으로 가야 한다는 거야. 할례는 포피를 자르는 거잖아. 인체에 해가 되지 않지만, 목숨을 내놓듯 피를 흘리는 행위야. 상징적이지.

　이 사건을 통해 모세는 소명이 지닌 무게가 목숨을 내놓아야 할 만큼 무거운 일이란 사실을 분명히 직시하게 되었을까? 이제 소풍 같은 분위기에서 벗어나 긴장감이 흐르게 돼. 떨기를 태우지 않는 불꽃처럼 하느님이 자신을 지켜줄 거란 약속을 받았고 이적과 동료까지도 얻었지만 모세에게 아직 부족했던 하나가 바로 결연한 의지 아닐까? 우리가 요즘 고등학교를 마친 멜리사를 다루는 마음을 생각해봐. 느긋하고 놀기만 좋아하는 녀석이라 사회생활이 반드시 필요하다고 여겨서 직장을 구해보라고 했더니, 나가서도 놀다만 오잖아. 그냥 집에서 편히 사는 게 좋은 거지. 그래서 최후의 통첩으로 3개월 안에 직장 못 구하면 쫓겨날 거라고 했더니 어제 일자리 구해왔더라. 산 시간이 얼마인데 이 아이를 컸다고 쫓아내겠어. 긴장하라고 좀 몰아세운 거지.

　하느님도 그랬을 거야. 그동안은 필요한 모든 것을 하느님이 다 채워주시는 모양새였잖아. 모세는 굉장히 수동적인 태도를 보였던 거지. 사실 하느님이 모세를 설득하는 모든 과정

소명의 무게

청소 좀 하랬더니
어떤 녀석은 자기 책상만 정리하고
어떤 녀석은 집 안 청소를 한다.

같은 말을
어찌 저리 달리 알아들을까?

을 보더라도 모세의 질문 속에 담긴 조건을 하느님이 무엇이든 채워주고 계셔. 조건을 따지는 이들에겐 결연한 의지가 없는 법이잖아. 그들의 소명 의지란 하느님이 다 해주신다고 하니까 해보긴 해보겠다는 정도인 거지. 하느님이 사람을 선택해서 그 사람과 함께 일하시지만, 그것만으로는 모든 게 해결될 수 없나 봐. 하느님의 손길이 수없이 함께해도 그분과 함께하는 이의 결연한 의지가 없으면 소명은 무너지고 말 거야.

편지 8

환영받지 못하는 소명

탈출 4,27-6,1

◆

좋은 마음만으로 충분할까?

모세는 이제 소명의 현장에 들어서게 돼. 이집트에 들어서자마자 아론을 만나 그간의 이야기를 모두 들려주지. 그리고 아론과 함께 이스라엘 원로들에게 하느님이 하신 말씀을 전하고 표징을 보여주었어. 모세의 말을 들은 이스라엘 백성은 하느님이 "자신들의 고난을 살펴보셨다는 말에 무릎을 꿇어 경배"까지 하게 돼. 아직 모든 게 순탄해 보이네. 모세가 생각했던 것보다 이스라엘 백성의 반응은 감격스러울 정도야. 그만큼 그들이 겪는 고통의 무게를 짐작할 수 있는 대목인 듯해. 왜, 힘들 땐 한마디 위로에도 눈물을 흘리게 되잖아.

문제는 다음 걸음에서 생겨. 파라오를 찾아가서 벌어진 충돌이야. 하지만 예상했던 일이기도 해. 파라오가 이스라엘 백성을 말 몇 마디에 놓아줄 리는 없잖아. 다만 모세와 아론은 이스라엘 백성을 놓아달라는 요청에 파라오가 어떻게 대응할지는 깊게 생각하지 못했던 거 같아. 탐욕의 지배는 저항의 작은 씨앗도 용납하려 하지 않거든. 파라오는 모세의 요청을 불순분자의 불온한 선동으로 받아들이고 있어. 그래서 이런 선동의 싹을 초반부터 아예 없애기로 해.

그런데 그 방식이 교묘해. 이스라엘 백성이 모세와 아론의 선동에 흔들리지 않도록 노동의 강도를 높이는 방식을 시행하는 거지. 벽돌을 만드는 일을 하던 이스라엘 백성에게 벽돌 재료인 짚을 더는 제공하지 않고 직접 구해서 작업하라고 명령을 내려. 물론 의무적으로 생산해야 하는 물량은 동일하게 두고 이를 채우지 못하면 혹독한 체벌을 가하는 거야. 이런 전략은 사람들을 생존 자체에 매이게 하지. 지금 당장 하루하루가 힘들면 다른 생각들을 가질 수가 없게 되잖아. 거기다 일이 힘들어질수록 이런 상황을 초래한 사람들에 대한 원망도 생겨나게 돼. 그들이 아무리 좋은 뜻을 가지고 있었어도 자신의 현실을 힘들게 하는 위험한 사람들로 여길 수밖에 없지. 탐욕의 지배자들은 이제 그들끼리의 갈등이 깊어질 때까지 기다리다가 그 싸움을 구경만 하면 돼. 이런 걸 전문용어로 '분열을 통한 지배'라 불러.

실제로 이스라엘 조장들은 모세를 궁지에 몰게 될 거야. 좋은 마음이 항상 좋은 결실을 맺지는 못하나 봐. 그럴 수 있다면 이미 좋은 세상이겠지. 우리도 좋은 마음들이 상처받을 수 있는 세상에서 살고 있잖아. 너희도 좋은 의도로 무엇을 했다가 상처를 받으면 곧바로 '내 다시는 이러지 않으리라'는 식으로 이야기하더라. 착한 이가 마치 바보라는 식으로 말이야. 좋은 마음을 버리는 게 아니라 그 마음을 지켜내기 위해 좀 더 명민하고 강건해지는 게 낫지 않을까?

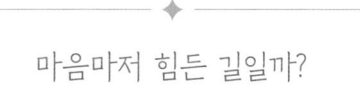

마음마저 힘든 길일까?

이스라엘 조장들은 변화된 상황의 부당함에 대해 파라오에게 항의를 해보지만 파라오는 이 책임을 교묘하게 모세와 아론에게 떠넘겨. 게을러서 시간이 많으니 예배나 드리러 가겠다는 말이나 하고 있다는 거지. 묘하지, 예나 지금이나 힘든 처지에 있는 사람들이 겪는 어려움을 본인들의 잘못된 습성 때문이라고 몰아세우기 일쑤잖아. 게으름 때문이라니! 이스라엘 조장들은 이게 말이 안 되는 주장인 줄 알지만, 또 파라오의 생각이 절대 바뀌지 않을 거란 것도 분명하게 알게 되었을 거야. 그러니 일을 이렇게 꼬이게 만든 모세와 아론에 대한 불평만 남게 되겠지. 파라오의 전략은 유효했어.

이스라엘 조장들은 모세와 아론에게 따지고 들어. "주님께서 당신들을 내려다보시고 심판해주셨으면 좋겠소. 당신들은 파라오와 그 신하들이 우리를 역겨워하게 만들어, 우리를 죽이도록 그들 손에 칼을 쥐여주었소." 그들을 구해내겠다고 나섰다가 그들에게 욕을 먹게 된 거야. 이 상황을 타개해보겠다고 모세와 아론도 이스라엘 조장들을 만나러 가는 중이었는데 만나자마자 욕부터 들은 거지. 이렇게 힘든 상황에서 이들을 만나보려고 했다는 건 모세도 나름 이들을 함께 상의할 동료라고 생각했던 거겠지. 모세의 마음이 꽤 쓰라렸겠어. 그래도 설마 욕 한 번 안 먹고 이 엄청난 소명의 길을 가려고 했던 건 아니었겠지? 잘 넘길 수 있을 거야. 모세는 할례 사건까지 겪었잖아. 그만큼 결연하고 단단해져 있지 않았을까?

너희 혹시 소명의 길이 몸은 힘들어도 마음이 편한 길이라고 착각하고 있는 건 아니지? 몸은 참 열심히 뛰어다니는데 마음에 불편한 일이 생기면 왜 그리들 주저앉는지. 소명을 살아가는 사람은 모든 사람에게 사랑받을 수가 없는 거야. 자기를 사랑하지 않는다고 미워할 필요도 없어. 다만 소명의 힘겨움을 알아주는 사람이 하나라도 있으면 고마운 거지. 조그만 일들에 좀 더 의연해야 돼. 마음 상하게 하는 자잘한 일들을 아무렇지도 않게 털어버릴 수 있어야 먼 길을 걸을 수 있는 거야.

◆

다른 사람이 된 걸까?

이스라엘 조장들에게 원망과 미움을 받게 된 모세는 바로 하느님께 탄원을 하고 있어. 예전에 어쩔 수 없이 도망치던 모습과는 분명 다른 선택을 하고 있네. 물론 예전처럼 파라오가 죽이려 달려드는 것은 아니니까 그럴 수 있다고 여길지도 몰라. 하지만 지금 상황도 결코 녹록하지 않아. 분노한 군중이 무슨 일을 벌일지 모르잖아. 노동의 힘겨움을 더 이상 견디지 못하면, 모세와 아론을 파라오에게 잡아다 바치고 거래를 하는 최악의 경우도 있을 수 있거든. 위험을 감지했다고 해도 모세는 도망치지 않아.

모세의 변화된 행동은 그의 탄원 내용에서도 드러나 있어.

"어찌하여 저를 보내셨습니까? 제가 파라오에게 가서 당신 이름으로 말한 뒤로, 그가 이 백성을 괴롭혀 오고 있습니다. 그런데도 당신께서는 당신 백성을 도무지 구해주시지 않습니다." 뭔가 다르지. 자신을 공격해대는 이스라엘 조장들에 대한 미움이 보이지 않잖아. 도리어 그들을 구해달라고 하고 있지. 적어도 모세는 파라오가 만든 게임에 말려 들어가 고난 속에 있는 동족들과 진창에서 싸울 마음이 없어. 오직 자신의 등장으로 인해 더욱 고통받게 된 사람들에 대한 연민으로 하느님께 애원하고 있는 거야. 그동안은 하느님이 모세에게 애원했는데, 이제야 모세가 백성을 위해 하느님께 매달리게 된 거지. 하느님은 모세의 이런 모습을 보고 싶으셨던 걸까?

모세는 이제 자신을 고통받는 히브리인들과 온전히 일치시키고 있어. 고통을 아는 하느님처럼 이들의 고통 속에 들어선 거지. 모세의 소명 의식은 확실히 성장했어. 이 성장은 그리 쉬운 게 아니야. 단순히 고통받는 사람들을 위해 연민의 기도를 하는 차원이 아니잖아. 나에게 상처를 준 사람을 위해 기도하는 거라고. 나에게 상처를 준 사람은 아무리 그가 힘든 처지에 놓였어도 약하게 보이지 않는 법이거든. 그래서 상처를 준 사람을 위해 마음속 깊게 기도하는 일이 힘든 거야. 모세는 그들이 자신에게 한 행동보다도 그들이 처한 아픔을 먼저 생각하고 있는 거지. 소명이 조금씩 모세를 변화시키고 있나 봐. 모세가 성장하고 있는 것은 확실하지만 그렇다고 이 심각한 상황이 변한 건 아니야. 완고한 파라오와 등을 돌린 백성 사이에서 환영받지 못하는 모세의 소명은 어떻게 해결의 실마리를 찾을 수 있을까?

모세의 탄원에 하느님은 "이제 너는 내가 파라오를 어떻게 하는지 보게 될 것이다"라고 대답하고 계셔. 모세의 탄원을 받아들이시는 거지. 여기서 "이제"라는 말을 사용하신 것은 그토록 하느님이 말씀하시던 약속의 순간이 드디어 시작된다는 거야. 꽉 막혀 있어 해결의 실마리를 찾을 수 없는 순간에 하느님이 나서시는 거지. 살다 보면 느끼는 것인데 이상하게도 하느님은 항상 마지막 순간에야 움직이신다. 길이 없다 느끼는 순간에 길을 열어주시잖아. 하긴 지금까지도 하느님은 움직이고 계셨지만 못 느꼈는데, 우리가 아무것도 할 수 없는 순간이 되어서야 비로소 그분의 움직임을 느끼게 되는 건지도 모르겠어.

선생님의 소명은
좋은 점수를 주는 게 아니라
공부를 가르치는 거라서 힘들다.

부모의 소명은
좋아하는 것을 주는 일이 아니라
필요한 것을 주는 일이라서
고되다.

편지 9

반복되는 소명의 확인
탈출 6,2-7,7

◆

혼자라도 가야 하는 순간이라면?

이스라엘 백성이 등을 돌렸다는 것은 모세에게 있어서 소명의 근거가 사라졌다고 할 수 있어. 그렇지 않겠니? 이스라엘 백성을 고통에서 구해내라는 것이 소명의 핵심인데, 이스라엘 백성이 그런 거 하지 말라고 하잖아. 일단 이런 상황에서 하느님은 자신이 종살이에서 그들을 구원하여 약속의 땅으로 데려가겠단 계획을 다시 한번 모세를 통해 백성에게 알리지. 달래는 거야. 하느님의 이야기는 지금 당장 힘들어도 미래를 위해 참고 싸워보자는 얘기인데, 이스라엘 백성 입장에선 이것도 받아들이기가 쉽지 않아. 힘겨운 상황일수록 불확실한 희망보다는 지금 당장의 안정이 급한 법이거든.

오랜 고통과 억압을 받은 사람들은 미래를 잘 믿지 않아. 우리 아이들만 봐도 알 수 있잖아. 하긴 아이들뿐 아니라 너희도 그렇지. 언제 한번 외식하자고 하면 지금 당장 가자고 하잖아. 다음에 내 마음이 어떻게 바뀔지 못 믿겠다는 거지. 사실 미래에 대한 약속은 약속한 사람의 마음이나 상황이 언제 어떻게 바뀔지 모르는 불확실한 거야. 그래서 힘겹게 살아온 사람들은 앞으로 더 나아지는 것보다 지금 더 나빠지지 않는 게 중요하다고 생각하게 돼. 이스라엘 백성이 지금의 고통을 참고 미래를 위해 싸울 수 있으려면 뭔가 미래에 대한 확실한 보증이 있어야만 할 거야.

하느님도 이 부분을 잘 알고 계셨지. 그래서 "나는 그들에게 '전능한 하느님'으로 나타났으나, '야훼'라는 내 이름으로 나를 그들에게 알리지는 않았다"라고 하시면서 이제라도 모세를 통해 백성에게 당신 이름을 알리셔. 그들의 동요가 '지금 여기에 함께 있고' '미래에도 있는' 약속을 기억하시는 하느님을 모르기 때문이라고 여긴 거야. 하지만 그런 말은 한 번 듣는다고 해서 지금 당장 믿어지는 게 아니잖아. 이스라엘 백성은 "기가 꺾이고 힘겨운 종살이에 시달려 모세의 말을 듣지" 않아.

하느님의 말씀도 먹히지 않는 상황이라면 이제 어떡해야 할까? 모세는 소명을 포기하든지 하느님과 함께 혼자라도 걸어가든지 선택해야만 할 거야. 모세가 아무리 성장했다고 해도 이게 가능할까? 혼자서 파라오와 부딪칠 수 있을까? 이 순간에 탈출기는 다시 한번 모세가 하느님의 부르심을 받는 장면을 보여주고 있어. 어쩌면 두 번째 소명 이야기라고 할 수도 있지. 하느님은 모세에게 파라오에게 가서 이스라엘 자손을 자기 땅에서 내보내라는 말을 전하라고 하시는데, 모세는 "이스라엘 자손들도 제 말을 듣지 않았는데 어찌 파라오가 제 말을 듣겠습니까?" 하며 "입이 안 떨어져서 말"을 못하겠다고 항변을 해. 모세의 처지가 충분히 이해가 가.

그런데도 이번에는 하느님이 모세를 달래지 않으셔. 그냥 여기선 명령과 함께 모세와 아론을 파라오에게 바로 보내버려. 너희만이라도 가야만 한다는 거지. 그것이 사랑의 길이라면 혼자라도 가야 할 때가 있어. 그 길은 적당히 어르고 달랜다고 갈 수 있는 길이 아니야. 그럴 때는 자신이 받은 첫 소명을 다시 깊게 되새겨봐야지. 하느님의 소리에 주의를 기울이고 그 소리에 의지해야만 해. 힘들면 도망치고 싶은 마음에 하느님의 소리가 작아질 수 있거든. 왠지 홀로 서 있는 모세와 아론에게서 애처로움과 숙연함이 동시에 느껴지네.

  이어서 나오는 모세와 아론의 족보 이야기가 그나마 모세에게 조금 위로가 될 수 있을까? 모세와 아론의 족보가 생뚱맞게 등장하는 건 탈출기 편집자가 이 순간에 이스라엘 자손들 앞에서 이 두 사람의 권위를 세워주고자 하는 거야. 모세와 아론이 레위 가문의 후손으로 나오잖아. 레위 가문은 사제계 가문이야. 혈통으로 사제 직분을 이어받는 전통에 따라서 모세와 아론은 백성을 하느님께 올바로 이끌어야 할 사명을 맡은 사람들이란 걸 드러내주고 있어. 탈출기의 편집자는 이야기의 흐름을 방해하면서까지 굳이 끼어들어서 모세와 아론을 편들고 싶었던 거 같아. 이런 편집자의 마음을 헤아려보면 모세와 아론도 혼자가 아니란 생각이 드네. 지켜보면서 응원해주는 보이지 않는 시선들이 함께 있는 거잖아.

  어쩌면 우리가 선택한 삶도 그래. 선교사의 길을 선택할 때 왜 그리 혼자가 된다는 생각으로 망설였는지 몰라. 아직 낯선 아이들과 함께 지낸다는 기쁨보다도 지금까지 친숙한 사람들과 멀어진다는 거리감이 더 커서 혼자가 되는 느낌이었나 봐. 지금 와서 보면 유치하지. 혼자라고 느끼는 건 혼자만의 생각이었더라고. 얼마나 많은 보이지 않는 소중한 마음들이 그 길에서 함께였는지 몰랐던 거야. 모세가 알든 모르든 숨겨진 자리에서 모세의 숙연한 소명을 지켜보는 수많은 사람이 있었겠지. 분명히 그랬을거야.

두려워도 가야 하는 순간이라면?

이어서 또 다른 소명 이야기가 나와. 소명 이야기가 많이도 반복되네. 하지만 이것들은 서로 약간의 차이가 있어. 첫 번째 소명 이야기는 모세를 체념의 광야에서 이끌어내는 하느님의 간절함이었다면, 두 번째는 등 돌린 이스라엘 백성 속에서 혼자라도 걸어야 하는 숙연한 순간에 이루어지는 모세의 소명을 확인하는 이야기고, 이제 나오는 세 번째 소명 이야기는 두려움을 넘어 파라오와 부딪쳐야만 하는 비장한 순간을 마주한 모세의 소명 확인일 거야. 소명이 지닌 세 가지 속성인 간절함, 숙연함, 비장함이 순차적으로 설명되고 있어. 세 번째 소명 이야기에선 등 돌린 이스라엘 백성에 대한 언급이 더는 나오지 않아. 다만 파라오에게 직접 당신의 말을 전하라는 하느님의 명령과 또다시 입이 안 떨어져서 말을 못 하겠다는 모세의 대답으로 시작하고 있어.

그동안 모세가 반복적으로 사용했던 "입이 안 떨어져서"라는 표현은 저마다 다른 느낌을 갖고 있다고 봐야 돼. 말을 잘하는 능력이 없다더니 모세는 정말 한마디 말로 참 여러 감정을 표현하는 거 같아. 첫 소명 이야기에서는 능력의 부족과 마음의 혼란을 표현하는 거였고, 두 번째 소명 이야기에선 등 돌린 이스라엘 백성으로 인한 무기력에서 나온 표현이었지. 여기 세 번째 소명 이야기 속의 이 말에는 파라오에 대한 두려움이 배어 있어. 같은 말에 담긴 서로 다른 느낌을 하느님은 아주 잘 아시나 봐. 그래서 매번 다른 대답을 하시잖아. 이번에는 "나는 너를 파라오에게 하느님처럼 되게" 한다거나 "이집트 땅에서 표징과 이적을 많이 일으키고" "이집트인들이 내가 주님임을 알게 될" 거라는 말씀을 하셔.

결전의 순간이 다가오면서 모세가 두려움을 느끼는 것은 당연했을 거야. 파라오를 찾아갔다가 말 몇 마디 했다는 이유만으로도 이스라엘 백성을 구하기는커녕 자신의 목숨도 위험해질 수 있는 거잖아. 상대는 파라오잖아. 절대 권력을 자랑하고 탐욕으로 철저히 무장한 파라오와 최종 담판을 짓는다는 게 떨리겠지. 소명을 확인하며 하느님께 온전히 의지해야 할 순간이 맞아. 첫 번째 소명 이야기처럼 긴 대화가 재현되지도 않아. 두려움이란 따지고 계산할수록 벗어나기가 더 힘들어지

기든. 다만 할 일을 해야 하는 순간이 왔다면 온전히 마주하
는 방식밖에 없어.

소명은 왜 반복적인 거지?

모세가 겪은 세 번의 소명 이야기를 보면 우리의 소명이 성장
하는 과정과도 많이 닮지 않았니? 호기심이 아이들의 상처를
바라보는 간절함으로 변화되는 과정도 그렇고, 편안한 길을
찾으라는 사람들의 애정 어린 반대에도 무릅쓰고 꼭 그 길을
가겠다고 뛰어들어 놓고는 그 안에서 계속 이런저런 일로 흔
들리는 모습도 그렇지. 그럴 때마다 하느님의 소리를 찾았고
그 소리에 의지할 수밖에 없었잖아.

 이젠 옛날얘기가 됐지만 천사의 집을 지으면서 도둑을 맞
았을 때, 급여를 찾아오다 총에 맞아 죽은 공사장 감독의 시
신을 마주했을 때, 그의 장례식 앞에서 모든 것을 놓아버리고
싶었을 때, 버려진 병든 아기를 부둥키고 달려간 병원 앞에서
아기의 식어버린 체온을 느꼈을 때, 그 아기 머리 위에 울면서
세례를 주었을 때, 남자를 찾아 거의 매일 도망치는 큰 아이
들을 잡으러 다녔을 때, 찾아낸 아이가 낯선 사람 대하듯 쌍

욕을 퍼부었을 때, 애정을 쏟았던 아이가 남자랑 눈이 맞아 도망쳤을 때, 돈과 욕심 때문에 우리 집을 고소하고 비방하는 사람들을 보았을 때 어떻게 견뎌냈던 걸까? 다 놓아버리고 싶었던 순간에도 곁에서 들꽃처럼 웃고 있는 아이들 모습 때문이었을까? 함께 있다고 되풀이하던 하느님의 그 목소리 때문이었을까?

그렇게 지나가더라. 그 모든 순간에 나도 내 삶과 소명이란 걸 수많이 반복해서 확인하고 있었을 거야. 확인할 수밖에 없었겠지. 그래야 걸을 수 있었을 테니까. 어째 이야기가 옛날이야기가 되어버렸네. 이러다가 '꼰대' 소리 듣겠다. 언제 적 얘기냐고 투덜대지 말고 그냥 속에 담아놓았던 이야기라고 여겨줘. 징징대지 말자 해도 이제 나도 지나온 시간을 너희한테나마 위로받고 싶은가 보지….

$2 \times 6 = 13$
$2 \times 9 = 17$

구구단을 반복하는 것은
자꾸 잊어버려서다.
소명을
반복해서 확인하는 것도
자꾸 잊어버려서다.

걸음 넷

탐욕의
세상을
무너뜨리시는

하느님

탈출 7,8 - 10,23

히브리 노예들을 풀어주지 않으려고 버티는 파라오를 온전히 무너뜨려버리는 하느님의 재앙 이야기가 이어집니다. 이 재앙 이야기를 어떻게 읽어야 하는지는 내용의 비현실성만큼이나 감정적으로 복잡하네요. 통렬한 복수극으로 기뻐해야 할지 이집트인들에게 너무 과도한 징벌이 내려진 건 아닌지 단순하게 읽히지 않습니다. 하느님은 히브리인들을 구하기 위해 이런 참혹한 방식 말고는 찾지 못하신 걸까요? 조용한 해결은 안 되는 걸까요? 파라오의 꿈속에라도 나타나서 모세를 설득하듯 설득할 수는 없었을까요? 했을지도 모릅니다. 아니 탐욕을 내려놓으라고 하느님은 꿈보다 더 확고한 현실에서 말하고 있었습니다. 파라오는 탐욕으로 인해 자신의 눈 앞에 펼쳐진 고통받는 이들의 슬픔을 보지 않았고, 자신의 면전에서 모세가 전하는 하느님의 말씀도 듣지 않았을 뿐입니다.

 탐욕은 슬픔과 진실에 있어 문맹입니다. 타인의 슬픔과 진실을 보고 들으려 하지 않으니까요. 탐욕은 오직 가진 것에 대한 집착과 빼앗길 것에 대한 불안으로만 움직입니다. 하느님은 탐욕 아래서 고통받는 이들을 구하기 위해 탐욕의 세상을 하나씩 무너뜨리시는데, 그럴수록 파라오는 자신이 가진 것을 잃어버릴까 봐 불안에 휩싸이고 자신의 것에 더욱 집착합니다. 탐욕의 무서움은 탐욕을 포기할 수 없다는 데에 있기 때문입니다. 그래서 파라오의 완고한 집착은 더 큰 재앙의 손길과 마주칠 수밖에 없겠지요. 단단해질수록 부수는 힘도 커져야 하니까요. 악순환입니다. 조용한 방법을 도저히 못 찾겠습니다.

편지 10

탐욕에 대한 재앙의 서막

탈출 7,8-13

――――◆――――

탐욕은 왜 문맹일까?

모세와 아론은 이스라엘 백성을 놓아주라는 하느님의 명령을 전하려고 다시 파라오를 찾아갔어. 그런데 파라오는 대화하지 않고 대뜸 이들에게 기적을 일으켜보라 하네. 파라오 입장에선 그들이 그런 당돌한 말을 할 정도로 무언가 특별한 힘을 지닌 사람들인지 확인하겠다는 거겠지. 아니면 단순히 조롱하려는 목적이었을지도 몰라. 자꾸 눈에 보이지 않는 하느님의 명이라며 찾아오는 이들의 기를 꺾으려는 의도였을 수 있잖아. 이번엔 모세가 아닌 아론이 파라오 앞으로 자신의 지팡이를 던지자 그것이 큰 뱀으로 변해. 그러자 파라오는 자신의 요술사들을 불러들여서 똑같은 것을 만들라고 시키는데 이집트 요술사들도 아론이 했던 것처럼 자신들의 지팡이로 큰 뱀을 만들어버려. 사실 이집트인들의 기록에 의하면 이런 일들이 흔했나 봐. 과장이 섞인 이야기들이겠지만 지팡이를 뱀으로 만드는 건 물론이고 악어를 초로 만들기도 했다네. 그것이 단순히 눈속임이었을지 몰라도 그런 이야기를 듣고 자란 파라오에겐 아론의 지팡이가 그리 대단한 게 아니었을 거야. 모세와 아론을 히브리인들의 요술사 정도로 보는 거지.

그런데 여기서 핵심은 아론의 지팡이가 변한 큰 뱀이 이집트 요술사들이 만든 큰 뱀을 다 삼켜버렸다는 데에 있어. 파라오가 믿는 것이 자신이 가진 힘과 권력이라면 하느님의 힘과 권력 앞에서 다 무너지게 될 거라는 표징이라고 볼 수 있어. 하느님께서 직접 당신 주권을 드러낼 거라는 경고이기도 하고, 조금 뒤에 갈대 바다에서 수장되는 이집트 병사들의 모습에 대한 복선이라고 볼 수도 있을 거야.

모든 사건을 복기해보면 그것이 일어날 표징이 과거의 어느 순간에 있었다는 사실을 알게 되잖아. 표징은 그런 거야. 우리가 보지 않으려 하는 현재의 문제들을 드러내서 그 문제들이야기할 미래를 암시해주는 거지. 예언과도 깊게 연관되어 있어. 예언이 말로 구성된 거라면, 표징은 사건이나 장면으로 구성된 거라고 보면 돼. 그리 보면 하느님이 느닷없이 파라오에게 재앙을 내리는 것이 아니야. 모세를 통해 몇 번씩 말을 전했다는 것은 이미 예언을 했다는 거고, 이제 그 앞에 표징으로까지 보여주시는 거잖아.

하지만 파라오는 이런 표징에 대해 깊게 생각하려 들지 않아. 오직 자신의 권력과 자산에만 관심을 두면 힘없는 이들의 말에는, 더욱이 눈에 보이지도 않는 하느님의 표징에는 관심이 가지 않거든. 자신의 탄탄한 권력이 고작 노예들에 의해 타격을 입게 될 거라고는 상상할 수도 없고 상상하기도 싫은 거지. 거기다 표징의 핵심은 자신의 탐욕을 포기하고 히브리 노예들을 풀어주라는 거잖아. 손해를 감수하라는 건데 파라오는 이 표징을 결코 읽어낼 수가 없을 거야. 탐욕은 탐욕밖에 볼 수가 없어서 자기의 자산을 내놓으라는 표징은 절대 읽을 수가 없거든. 탐욕은 슬픔과 진리에 대한 문맹이라고 했잖아. 그 표징이 아무리 진실이라도 손해를 보는 일이라면 읽을 수가 없어.

재앙 속에선 달라질까?

어떤 말과 표징도 소용없다면, 이제 하느님은 히브리 노예들을 놓아주지 않으려는 파라오의 탐욕에 본격적으로 재앙을 내리기 시작할 거야. 재앙의 내용이야 어릴 때부터 많이 들어서 알고 있겠지. 나일강이 피로 물들고 개구리와 모기떼가 득실거리는 이야기, 등에와 가축병 그리고 종기로 이어지는 역병 재앙 이야기, 우박과 메뚜기 떼에서 어둠으로 이어지는 천재지변의 재앙 이야기, 마지막으로 맏아들의 죽음에서 끝나게 되잖아. 물과 땅 그리고 대기까지 이집트 전체를 재앙으로 뒤덮어버리는 엄청난 재앙이야. 재앙의 종류도 다양해서 재앙이 미치지 않는 곳이 없다는 사실을 드러내고 있어. 하느님의 분노와 가차 없는 징벌이 느껴질 거야.

그런데 이 열 재앙이 꼭 모두 필요했을까 하는 생각이 들지 않니? 파라오가 자신의 탐욕을 내려놓고 히브리 노예들을 일찍 풀어주었으면 이 열 재앙은 일찍 끝날 수도 있지 않았을까? 하느님의 목적은 히브리인들의 해방이었을 뿐이었잖아. 사람은 큰 충격을 받고 나면 정신을 차린다고 하던데, 탐욕은 그것마저 불가능하게 하나 봐. 하느님은 이 재앙 하나하나마다 파라오에게 히브리인들을 놓아줄 거냐고 묻고 계셔. 이제라도 탐욕을 놓는다면 멈출 수 있다는 거지. 그런데 그게 안 되네. 그걸 보면 탐욕은 무서운 중독일지도 모르겠다. 중독된 정신은 모든 게 무너질 때까지도 멈추기가 힘들어.

예전에 있던 까리나 기억하지? 마약 하다 들어온 녀석 말이야. 창고 문만 열리면 본드를 훔쳐다가 여기저기 감춰두고 시간만 나면 본드 마시고 횡설수설했었잖아. 그거 고쳐보려고 별짓을 다 했었지. 다시는 본드 하지 않기로 몇 번을 약속하더니만 약속한 지 삼십 분만에 다시 본드를 하는 모습을 보고는 실망한 적이 한두 번이 아니었지. 결정적으론 갓난아기 방에서 본드 마시는 사건이 터지고 나서야 우리도 포기하고 다른 시설로 보내게 됐잖아. 사랑하면 될 줄 알았고 애정을 쏟아놓으면 될 줄 알았는데 안 되는 게 있더라. 몸의 습관이나 마음의 습관까지는 싸워볼 수 있을 거 같은데, 무엇을 하는지 인지하지도 못한 채 굴러가는 힘으로 굴러갈 뿐인 중독된 습관만은 난 어떻게 해야 하는 건지 모르겠어. 탐욕이란 중독된 습관인 거 같아. 그리 놓아버리기 힘든 거지. 놓아버리면 삶이 끝날 거 같거든.

그냥 알아둘래?

우린 열 재앙 이야기를 '탐욕을 무너뜨리는 하느님'의 이야기로 풀어갈 거야. 그런데 또 다른 해석들도 있으니까 그냥 상식적으로 알아두는 것도 나쁘지 않겠다. 나중에 이런 이야기는 안 해줬다고 욕할라. 워낙 비현실적으로 보이는 오래된 이야기니까 여기엔 다양한 해석이 있을 수 있잖아. 우선 사실성에 대해 논의할 수 있겠지. 고고학자들은 이스라엘 백성이 노예로 지내던 피람세스 지역에서 기원전 1500년에서 기원전 1200년 사이에 어떤 일이 있었는지 추적해보았어.

  이들의 의견을 따르면, 열 재앙이 시작된 나일강이 피로 물든 사건은 당시에 심하게 지속되던 가뭄으로 인해 상류에서부터 내려온 황토가 강물에 쌓이게 된 현상이었을 거래. 그리고 황토가 쌓인 물속에선 산소포화량이 떨어져 개구리의 천적인 물고기들이 죽어버리면서 개구리 알들이 수없이 부화할 수 있었다는 거야. 더욱이 산소포화량이 떨어지는 환경 속에선 올챙이가 개구리가 되는 시간이 반으로 준다네. 그래서 그 많은 개구리가 출현하게 되고, 흐르지 않는 물로 인해 웅덩이에서 기생하는 모기떼가 출현하고, 당연히 역병과 같은 질병을 일으켜 가축병이나 종기가 생겨났다는 거지.

또 오랜 가뭄은 이상기후를 만들기 때문에 우박과 모래바람을 일으키는데, 이 바람에 실려서 메뚜기 떼가 나타나고 태양이 가리는 사건이 발생했다는 거야. 이런 상황에서 맏이에게 먼저 음식을 먹이고자 했던 관습으로 인해 이미 병든 가축과 곰팡이에 노출된 농작물을 가장 많이 먹은 맏이들이 제일 먼저 위험에 노출되었을 거라는 거지. 이런 의견을 과학적 추측이라고 하는데 여전히 가정일 뿐이야. 그래도 고고학자들의 노력 덕분에 이 열 재앙 이야기가 완전히 지어낸 설화는 아니라는 해석이 도움을 받게 된 거야. 뭔 일인가 있긴 있었구나 하는 거지.

많이 통용되는 또 다른 해석으로는, 열 재앙이 이집트 신들에 대한 징벌이라는 의견이 있어. 이집트가 태양신을 중심으로 한 일신교 형태를 취하기 전이니까 다신교 형태의 이집트 신들과의 전쟁으로 보는 거지. 신으로 숭배되던 나일강이나 개구리 머리를 한 여신 헤트는 풍요와 다산의 신이었다고 하고 모기는 대지의 신 게브와 연관이 있다는 거야. 다른 재앙들도 그렇게 이집트 신들과 연관해 설명하려는 시도지. 이스라엘 백성이 오랜 시간 이집트 땅에 매여 있었다면 그들의 신들을 받아들였을 수 있고, 노예들의 신보다 지배자들의 신들이 더 위대하다는 관념을 지녔을 수도 있었을 거야. 그래서 열 재앙은 이집트 신들을 쓰러뜨리고 하느님이 자신의 위대함을 드러내는 여정이었다는 거야. 나름대로 일리가 있지. 고대에는 민족의 승리가 신들의 승리이기도 했으니까.

하지만 이 해석은 지나치게 재앙에 대한 해석을 신화적인 맥락에 묶어놓을 수 있어. 탈출기에서 이집트 신들에 대한 징벌은 마지막 재앙을 앞두고 "이집트 땅의 모든 맏아들과 맏배를 모조리 치겠다. 그리고 이집트 신들을 모두 벌하겠다"(12.12)는 말씀에 딱 한 번 나와. 이 말씀의 맥락은 그들이 맏배를 쓰러트리는 순간에 이집트 신들마저 나서지 못하게 하겠다는 느낌이 더 강하거든. 이 문장에서 더 중요한 것은 신들에 대한 징벌보다 맏아들에 대한 징벌이란 거야. 다른 신들에 대한 징벌이라면 적어도 탈출기 후반에 등장하는 아세라, 구약성경 내내 입에 오르내리는 바알처럼 이방신의 이름이 몇 개 정도는 거론되었어야 하지 않을까? 이집트 신들에 대한 징벌로 재앙 이야기를 보는 해석은 히브리 백성의 고난과 파라오의 지치지 않는 탐욕 사이에서 모습을 드러내시는 하느님의 선택을 충분히 그려내기엔 부족해 보여.

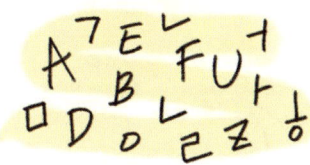

문맹의 반대말은 문해라란다.
본다고 아는 게 아니라
마음에서 풀어내야만 아는 거다.
아픔을 아는 일도 그럴거다.

편지 11

재앙의 첫 번째 단계, 빼앗긴 자들과 대면

탈출 7,14-8,15

열 재앙은 선포되는 자리에 따라 일정한 규칙을 보여주고 있어. 첫 번째 재앙은 나일 강가에서, 그리고 두 번째 재앙은 파라오의 궁궐에서 선포되고, 세 번째 재앙은 선포 없이 이루어지지. 이는 재앙이 지닌 두려움을 전개하는 방식과 연관이 있을 거야. 한번 좀비 같은 공포 영화의 전개 방식을 떠올려봐. 밖에 좀비들이 가득할 때 느끼는 두려움이 있고, 나만은 피할 수 있을지 모른다고 숨어든 자리에 좀비가 나타날 때 드는 두려움이 있겠지. 거기다 좀비가 예고 없이 아무 곳에서나 불쑥 튀어나올 때는 거의 공포가 극에 달할 거야. 이렇게 열 재앙의 서술 방식은 같은 주제를 지닌 비슷한 재앙을 장소를 바꿔가면서 세 번에 걸쳐 반복하는 형태를 취하고 있어. 그래서 마지막 재앙을 뺀 나머지 아홉 재앙을 세 묶음으로 나누어서 읽어보려고 해.

그들의 아픔을 볼 수 있었을까?

우선 재앙의 첫 단계는 자신들이 만들어낸 고통의 참혹함과 직접 대면하게 만드는 일이야. 나일강이 피로 변하는 재앙, 개구리가 온 나라를 뒤덮는 재앙, 모기떼의 급습 등이 그러하지. 이 재앙들에 담긴 상징들을 상상해보니까 마치 스릴러 영화를 보는 듯한 기분이 드네. 〈나는 네가 지난 여름에 한 일을 알고 있다〉와 같은 공포 영화 말이야. 우선 이 재앙들은 나일강을 중심으로 이루어지고 있어. 나일 강가에 나가 있는 파라오와 그 신하들 앞에서 아론의 지팡이가 나일강을 치니까 강물이 모두 피로 변하게 돼. 그러자 "강에 있는 물고기들은 죽고 강은 악취를 풍겨, 이집트인들이 강에서 물을 퍼마실 수가 없게" 됐어.

물이 없는 고통은 말할 필요도 없을 거야. 우리 집도 항상 물이 부족한 곳이어서 이 상황을 잘 이해할 수 있잖아. 오죽

했으면 한때 물 때문에 유독 고생하던 시기에 맞은 부활절엔, 막달라 마리아가 무덤에서 부활한 예수를 알아보지 못하는 이유가 꼭 어디 가서 얼룩과 피를 모두 씻고 왔기 때문일 거라는 상상에만 꽂혀 있었다니까. 이집트인들의 처지는 더 심각했어. 일단 마실 물도 없는 지경이라 그들은 마실 물을 찾아서 강 주변을 파기 시작할 정도였으니까.

하지만 여기서 봐야 할 것은 물이 없어서 생긴 이집트인들의 힘겨움만이 아니라 왜 강물을 하필 피로 변하게 했을까 하는 근본적 질문이야. 이 피는 어디서 온 것일까? 피는 생명을 뜻하잖아. 그러면 이 피는 누구의 생명인 걸까? 바로 떠올릴 수 있을 거야. 파라오와 이집트인들이 죽음으로 몰고 갔던 히브리 아기들의 피, 히브리 노예들의 피가 강물처럼 흐르고 있다는 은유로 읽히지 않니? 예전에 〈내셔널 지오그래픽〉에서 콜롬비아 산골에 핏빛 비가 내렸다는 기적 이야기를 다룬 적이 있었어. 근처 철광 공장에서 나온 철분들이 구름에 섞여 핏빛 비가 내렸다는 것을 과학적으로 밝히지만, 그 마을 사람들은 또 다른 해석을 하고 있더라고. 군부독재 시절에 군인들이 와서 작은 마을 성당에 남자들을 몰아넣고 학살한 적이 있었는데, 피가 성당 입구로 흘러나왔다고 해. 마을 사람들은 그 핏빛 비를 하느님이 자신들의 아픔을 알고 함께 울어주시는 거라고 받아들이고 있다는 거지. 위로의 표징으로 여긴 거야. 나일 강물이 피로 변했을 때 사람들은 무슨 생각을 했을까? 히브리인들은 자신들의 아픔이 위로받는다고 여겼을까? 이집트인들 중에는 누구라도 자신이 저지른 일의 잔인함과 대면할 수 있었을까? 파라오는 이 일을 마음에 두지 않고 궁궐로 돌아가버려. 자기 궁궐로 숨어버리는 거지. 탐욕스러운 파라오다워. 자신으로부터 상처받은 사람들의 아픔을 대면할 수 있고 그 아픔으로 괴로워할 수만 있다면, 더 이상 탐욕을 계속 부릴 수 없겠지. 탐욕은 그렇게 안 되기 때문에 탐욕인가 봐.

그들의 울음을 들을 수 있었을까?

두 번째 재앙은 엄청난 개구리 떼의 출몰이야. 모세가 궁궐로 숨어버린 파라오를 찾아가서 재앙을 선포하자, 개구리들이 파라오의 궁궐과 침상에까지 들이닥치게 돼. 숨을 데가 없어 보이지. 개구리 떼가 온갖 곳에 뛰어들면 어떤 일이 벌어질까? 답답하긴 해도 창문과 문을 잠가놓으면 그래도 견딜 만하지 않을까 싶네. 더 참을 수 없는 건 울음소리이지 않았을까? 밤잠을 잘 수 없을 정도로 모든 곳마다 따라다니며 우는 개구리 울음소리를 상상해봐. 아! 도시에서 자란 너희는 개구리 울음소리를 잘 모를 수도 있겠구나. 한여름에 시골에 가면 개구리 울음소리가 무척 시끄러워. 실제로 개구리가 모든 곳을 점령한 상황이라면 그 울음소리, 정말 끔찍했을 거야.

그런데 히브리인들의 울음소리도 그렇게 모든 곳에 있었을 텐데, 왜 이집트인들은 그 소리는 듣지 못했던 걸까? 자신들이 억압했던 이들이 울부짖는 소리가 세상을 가득 채우고 하느님한테까지 올라갔는데도 그들은 아무 소리를 듣지 못했고 평안했었어. 그런데 이제 귀를 막아도 피할 수 없는 개구리 울음소리를 듣게 된 거지. 이제 왜 이 재앙들이 공포 영화 같다고 하는 줄 알겠지? 자기가 죽인 사람의 피가 흐르고 그 사람의 울음소리가 들려오는 꿈을 꾼다고 생각해봐.

◆

그들의 두려움을 알 수 있었을까?

세 번째 재앙은 예고 없이 전개되고 있어. 아론의 지팡이가 땅의 먼지를 치자 모기떼가 창궐하게 돼. 너희는 모기떼의 습격을 조금 귀찮은 재앙처럼 생각할지도 모르겠다. 힘이 들기는 하겠지만 모기장 치고 천연약 같은 거 바르고 다니면 되지 않겠느냐고 생각할 수도 있지. 지금 말고 고대 사회에서 모기는 생명에 치명적인 영향을 주는 무서운 곤충이었어. 이집트의 미이라만 봐도 말라리아로 비장이 부풀어 오른 흔적을 지닌 경우가 대부분이라네. 오죽하면 《모기-인류 최대의 적》(앤드루 스필먼 외, 해바라기)이란 책이 다 있을까. 모기로 인한 가장 큰 피해는 황열병과 말라리아였어. 황열병은 이집트 숲모기로 인해 시작된 병이기도 하지. 여하튼 중동과 지중해 연안은 황열병과 말라리아의 창궐 지역이었어. 모기떼란 귀찮은 대상이 아니라 목숨을 위협하는 두려운 존재들이었다는 거야.

하느님이 지팡이로 먼지를 치게 해서 이렇게 무서운 모기떼를 만들었다는 사실도 의미 있게 볼 수 있겠다. 이 먼지는 히브리말로 아파르*apar*라고 해. 이 말은 창세기에서 인간이 흙에서 와서 흙으로 돌아간다는 문장에서도 쓰여. 그래서 먼지는 작은 사람들에 대한 은유로 읽어낼 수도 있어. 먼지가 모기로 바뀌어 세상에 가득하게 되었다는 건, 그들 눈에 먼지 같은 이들이 온 세상에서 그들의 생명을 위협하는 존재가 되어서 달려들고 있다는 상징일 수도 있겠다. 그렇다면 이건 숨 쉴 수도 없는 공포가 될 거야. 하지만 그들이 지금 느끼는 이 두려움을 히브리인들은 평생 느끼고 살았다고 생각을 해봐. 그들은 언제 무슨 일로 죽을지 모르는 두려움을 몸에 새기며 살았을 거야. 그렇다면 이제 모기떼의 재앙을 통해 하느님이 파라오와 이집트인들에게 묻고 있는 거 같아. 너희는 이스라엘 백성이 어떤 생명의 위협과 두려움 속에서 살았는지 이제 알 수 있겠느냐고. 그들이 알 수 있을까?

의미를 이해할 수 있었을까?

재앙의 첫 단계는 빼앗긴 이들의 고통과의 대면으로 이루어지고 있어. 이스라엘 백성의 아픔을 보고 듣고 알고 계신 하느님과 그들의 아픔을 보지도 듣지도 알지도 못했던 이들이 대비되어 나타나고 있지. 이제 너희가 한 일을 보고 듣고 알라는 거야. 파라오와 이집트인들은 이 재앙의 의미를 이해할 수 있었을까? 파라오는 재앙이 터질 때마다 요술사를 부르는 것을 보면 아직 재앙을 어떤 요술로 여기고 있는 거 같아. 요술은 현혹이고 기적은 메시지인데, 재앙을 여전히 요술로만 받아들이고 있는 거지. 요술사들도 모세처럼 강물을 피로 바꾸는 일이나 개구리 떼를 불러내는 일들을 똑같이 할 수 있었지만, 이 재앙을 멈추는 일만은 할 수가 없었어. 그들이 손을 대면 피와 개구리 숫자만 더 늘어나게 돼. 당연히 이들은 가해자 중 하나였을 뿐이라서 히브리인들의 피와 울음을 거둬들일 방식을 알 수는 없었을 거야. 모기떼 재앙에선 아예 모세를 따라 하지도 못해. 모기떼의 재앙이 가해자에 대한 역공이란 상징을 품고 있다면, 자신들을 그 자신이 위협할 수는 없는 노릇일 테니까. 이집트 요술사가 할 수 있는 일이 아닌 거야.

끝내 이집트 요술사들은 이 재앙이 "하느님의 손가락이 하신 일"이라고 고백하게 돼. 그래도 파라오는 재앙에 담긴 의미를 읽어내질 못해. 다만 무거운 고통을 순간적으로 넘기려는 마음으로 히브리인들을 놓아준다고 했다가, 못하겠다는 식으로 말만 반복할 뿐이지. 파라오는 자신이 만든 히브리인들의 피와 눈물을 전혀 대면하려고 하지 않는 거야. 누군가 울고 있는데도 탐욕에 물든 사람은 자기 탓이 아니라고 어찌 그리 굳게 믿고 사는지 모르겠다. 너희도 아이들에게 어떤 좋지 않은 일이 생겼을 때, 나는 잘못이 없다고 느껴지는 순간들이 있다면 탐욕이 슬금슬금 마음속에 들어서고 있다고 여겨. 하하! 겁주는 게 아니라 우리 모두 조심하자는 얘기야. 한 사람의 마음엔 연민과 탐욕이 뒤엉켜 있기 마련이니까.

몸이 안 좋다고 방 안에 누워 있던 날,
혹시 내가 말 안 들어서 그러냐고
미안하다며 방 앞에 놓고 간 쪽지….

여린 마음들은
상처를 주는 것이 상처를 받는 일보다
걱정인가 보다.

편지 12

재앙의 두 번째 단계, 빼앗은 것들의 몰락

탈출 8,16-9,12

이솝 우화를 만든 이솝이 노예였다는 사실을 알고 있지? 그래서 이솝 우화엔 유독 부당한 힘에 대한 비아냥이 많잖아. 사자의 나눔이란 우화를 기억할 거야. 사자는 암소, 염소, 양과 같이 사냥을 해서 사냥감을 공평하게 분배하기로 해. 그런데 막상 염소가 사슴을 잡아 오자 이렇게 말해. "이 고기를 네 덩이로 나누자. 한 덩이는 정당하게 내 것이고, 두 번째 덩이는 내가 가장 힘이 세니까 내 것이고, 세 번째 덩이는 내가 가장 용감하기 때문에 내 것이고, 네 번째 덩이는 누구든지 손을 대면 내가 잡아먹을 테니 아무도 손댈 수가 없어서 내 것이다." 이런 사자의 모습을 탐욕이라고 하는 거겠지. 탐욕은 빼앗아서라도 가지려는 마음이고 빼앗은 것을 자기 것이라 믿는 마음이야. 재앙의 두 번째 단계는 바로 그러한 탐욕으로 빼앗아 세워진 것들을 무너뜨리는 징벌이라고 볼 수 있어.

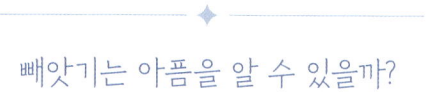

빼앗기는 아픔을 알 수 있을까?

두 번째 단계는 등에의 습격, 가축병의 창궐, 역병의 발생으로 이루어져 있어. 이 단계는 좀 더 직접적인 상징을 사용하고 있어서 주제가 선명할 거야. 우선 네 번째 재앙에 해당하는 등에 떼의 습격을 보자. 등에는 나도 잘 모르는 곤충이야. 찾아보았더니 쇠파리의 일종이라고 나오네. 그런데 그냥 파리 정도가 아니라 동물의 피를 빨아먹고 사람을 물기도 한대. 가축의 가죽을 뚫을 정도로 침이 길어서 사람의 옷 정도는 쉽게 뚫을 수가 있다네. 물리면 극심한 고통이 따른다니까 거의 말벌에 가까운 곤충일 거야.

  이 재앙 사건에선 무엇보다 등에 떼가 날아드는 장소를 주의 깊게 봐야 해. 등에 떼가 날아드는 자리가 여기선 '집'이라는 분명한 장소로 언급되기 때문이야. 집과 땅이란 지금도 그렇겠지만 통장이란 것이 없었던 옛날에는 더욱 직접적으로 사유재산을 가리키는 말이었어. 집이란 설정을 통해 집 안에 있는 모든 것은 집주인의 사유재산이라고 본 거지. 그런데 등에 떼의 습격이 파라오의 궁궐에서 신하들의 집으로 그리고 이집트 온 땅으로 순서대로 진행되고 있잖아. 그리고 등에 떼는 그 장소들을 모두 폐허로 만들었지. 피를 빠는 등에가 사유재산을 폐허로 만들었다는 이야기는 상징이 너무 선명해서 다른 설명이 필요 없겠다. 이집트인들의 재산은 히브리인들의 피를 빨아서 이루어졌다는 얘기고, 이제 파라오의 궁궐과 신하들의 집을 채우고 있는 그 재산들을 같은 방식으로 무너뜨리겠다는 거잖아. 사실 등에가 집을 부술 수는 없는데도 폐허가 되었다는 표현을 쓴 건, 모든 거래가 이루어질 수 없는 상황으로 인해 사람들이 집 안에서 연명만 하는 상태가 되었다는 뜻일 거야. 요즘처럼 사재기를 할 수 있는 것도 아니었으니 다들 똑같은 고통 속에 놓이게 되었겠지. 이집트인들 역시 그 어떤 유흥과 여가활동이 불가능한 강제 노동에 시달린 노예들과 같은 처지가 되었을 거야.

　빼앗은 자산들이 몰락하는 과정은 다음 재앙을 통해 더욱 선명해져. 이어서 나오는 재앙이 가축병의 창궐이거든. 이집트인들이 기르는 집짐승들, 말과 나귀와 낙타와 소와 양들에게 흑사병을 내렸다는 거야. 집짐승들이란 고대 사회에서 가장 뚜렷한 사유재산의 목록이잖아. 이 재산들을 무너뜨리는 거지. 이 와중에 이스라엘 백성의 집짐승들은 아무런 피해를 입지 않았다고 하네. 이 재앙의 상징이 뚜렷하게 드러나고 있는 거야. 집과 가축의 몰락은 오직 파라오와 이집트인들이 쌓아올린 재산에 대한 재앙이었던 거지. 남의 것을 빼앗아 이룬 잘못된 부귀영화에 대한 징벌인 셈이야.

두 번째 단계의 마지막 재앙은 더 과격한 형태로 전개가 돼. 여섯 번째 재앙에 해당하는 종기 재앙이지. 등에 떼로부터 시작된 재앙은 가축병에 이어 사람에게도 역병을 옮기게 되었을 거야. 심한 피부병의 증상으로 볼 수 있는 종기가 짐승과 사람을 가리지 않고 퍼져나가게 돼. 묘하게도 두 번째 단계의 마지막 재앙 역시 첫 번째 단계의 마지막 재앙인 모기의 급습처럼 직접 사람의 육체를 대상으로 하고 있어. 모기의 급습이 육체에 대한 위협이었다면 이 종기 재앙은 화려한 육체를 무너뜨리는 거야. 파라오와 그 신하들처럼 부귀영화를 누렸던 사람들이 노예의 노동으로 얻은 자산으로 무엇을 했을까? 백성 전체의 복지나 가난한 이들을 구해내는 일 또는 내적인 생활에 심혈을 기울인 게 아니었어. 그들의 관심은 즐겁고 편안하고 화려한 생활을 유지하는 데 있었을 거야. 육체의 향연인 거지. 고대 제국들은 먹고 즐기는 육체의 향락으로 워낙 유명하잖아. 탐욕은 단지 자신의 육체를 위한 헌신일 뿐이니까. 종기 재앙은 누군가의 피땀으로 꾸며진 화려한 육체를 무너뜨리고 나서 곪아 있는 그들의 감춰진 모습을 드러내는 거 같지 않니? 이 종기는 단지 피부의 괴로움만이 아니라 심한 궤양을 동반하는 형태였대. 고통스러운 피부병이었던 거야. 육체의 향락을 고통으로 뒤바꾸어 놓은 징벌로 보여.

종기 재앙이 가마에 있는 그을음을 공중에 뿌리는 행위로부터 시작되는 장면도 흥미롭네. 가마의 그을음이란 밥에 담긴 그늘 같잖아. 풍요로운 밥과 가마의 그을음이란 대비는 마치 화려한 육체와 그 뒤에 숨겨진 노예들의 고된 노동을 떠오르게 하잖아. 누군가의 화려함을 위한 다른 누군가의 고통이 당연하다면 곪아서 종기투성이가 된 세상인 거지. 이리 보니 재앙이란 게 하느님이 내리는 참으로 세밀한 징벌 같아. 이 세심한 징벌을 통해 하느님은 빼앗으며 살아온 이집트인들에게 빼앗기는 아픔을 가르치시는 걸까?

◆

꽉 쥔 손을 펼 수 있을까?

고통받는 이들의 피와 울음을 대면하여, 첫 재앙의 단계에선 꿈쩍 않던 파라오가 재앙의 두 번째 단계에선 비로소 타협을 제시하게 돼. 등에가 그들의 집을 폐허로 만든 다음에야 광야에 나가서 하느님께 제사를 드리라고 허락해. 처음엔 이집트 땅 안에서 제사를 지내라고 했지만 모세가 받아들이지 않자, 어쩔 수 없이 멀리 나가지 않는다는 조건을 달아서 광야로 나가도록 허락하지. 이스라엘 백성을 놓아주는 게 아니라 잠시 휴식을 주겠다는 타협안이겠지. 이로써 일단 재산 피해를 막아보겠다는 심산인 거야. 이마저도 나중엔 결국 말을 바꾸지만, 그래도 파라오의 마음이 처음으로 흔들렸던 건 사실이야.

　탐욕에 길들여진 사람은 예나 지금이나 타인의 고통을 이유로 자신의 마음을 바꾸지는 못해. 다만 자기 재산에 손실이 생겨야만 흔들리게 돼 있어. 가축병이 돌 때 사람들을 보내어 이스라엘 집짐승의 상태를 확인하는 모습을 봐. 그 와중에도 파라오는 자신의 손실과 타인의 손실을 비교까지 하는 거야. 탐욕이 지닌 재산에 대한 집착은 대단해. 그런데 이렇게 등에와 가축병으로 이집트인들만 손실을 입은 걸 확인하고 나서도 재앙이 잠잠해지자 또 마음을 바꾸고 있어. 거기다 신하들은 종기를 심하게 앓아서 서 있을 수조차 없는 지경이 되었는데도 끝까지 히브리인들을 내보내지 않겠다고 고집을 부리네. 왜 그럴까? 잘못하다간 더 큰 손해가 밀려올 수 있는데도 왜 이리 고집을 피우는 거지? 더욱이 자기 측근들까지 피해를 본 상황이잖아.

아! 파라오와 그의 가족이 종기로 쓰러졌다는 장면은 없었지. 참, 탐욕이란 이런 거였지. 깜빡 잊고 있었다. 측근의 고통도 가슴에 크게 와닿지 않았을 거야. 일단 나와 내 가족만 괜찮다면 상황을 더 두고 볼 수 있다고 생각했겠지. 아마도 지금 잃어버린 재산들을 다시 채워 넣으려면 노예들이 꼭 필요하다고, 다가올 또 다른 재앙들에 대한 염려보다도 그걸 더 중요하게 여겼을 거야. 동료의 고통보다도 잃어버린 자기 재산에 집착하는 게 탐욕이 지닌 또 하나의 생리란 걸 보게 되네. 도대체 이렇게 재산이란 걸 꽉 쥐고 펴지 못하는 탐욕의 손은 어떻게 해야 펴질 수 있는 걸까?

피자는 세 조각씩 나눈다.
절대 빼앗기지 않는데
숫자를 모르는 녀석들만 당한다.
확실하게 주장할 수는 없어도
가슴이 아프다.

빼앗기는 건
느낌으로 안다.

편지 13

재앙의 세 번째 단계, 빼앗은 자들의 추락

탈출 9,13-10,23

밥그릇마저 깨뜨리다니?

재앙의 세 번째 단계는 우박 재해, 메뚜기 떼의 습격, 사흘간의 어둠이란 순서로 이루어져 있어. 재앙의 강도가 훨씬 높아졌지. 하늘과 대기를 채우고 있는 재앙들은 아무래도 사람이 손댈 수 없는 재앙처럼 느껴져서 더 무섭게 보이잖아. 흔히 말하는 천벌을 받는다는 표현을 생각해봐. 내용상으로도 이집트인들의 생활 기반 자체를 무너뜨리는 재앙들이어서 한 차원 높은 징벌로 볼 수 있을 거야.

우박 재앙부터 볼까? 하느님이 모세에게 공언했듯이 "이집트가 생긴 날부터 지금까지 한 번도 내린 적이 없는 엄청난 우박"이 쏟아지게 돼. 고대 문명의 경제 기반은 절대적으로 농업 생산에 근거하잖아. 이집트의 경제 형태 역시 땅을 일구어 먹고 살면서, 남는 양식을 팔아 필요한 것을 구입하는 형태였을 거야. 이스라엘 백성이 강제 노역에 시달린 자리도 파라오의 식량 저장 창고였다는 것을 기억해봐. 왕의 식량 저장 창고는 왕이 자신의 권력을 유지하기 위한 재산을 저장하는 은행과 같은 거였다고 보면 돼. 식량이 곧 재산인 거지. 그만큼 왕과 백성 모두에게 중요한 것이 농사라고 볼 수 있어. 파라오에겐 권력의 기반이 되는 거고 백성에겐 생존의 기반이 되는 거야. 이렇게 중요한 농작물이 하루아침에 한 번도 겪어보지 못한 우박으로 처참하게 무너지게 됐어. 들에 있는 모든 짐승과 풀과 나무들이 남김없이 다 쓰러지고 부러졌다고 하잖아. 여기서 끝나지 않아.

엎친 데 덮친 격으로 메뚜기 떼 재앙이 이어져. 메뚜기 떼가 온 땅을 덮어서 땅이 보이지 않을 정도였대. 그나마 남아 있는 모든 식물을 메뚜기 떼가 다 쓸어가는 거지. 메뚜기 떼가 덮치고 지나가는 광경을 본 적 있니? 너희가 실제로 보기는 힘들 거고 영화에서나 봤을 수 있겠다. 하늘을 먹구름으로 뒤덮은 채 땅을 덮치는 메뚜기 떼의 식성은 굶주린 황소 떼보다 더

심하다고 하네. 여하튼 우박과 메뚜기 떼가 만든 폐허의 무서움은 땅에 쏟아부은 모든 노동을 수포로 돌아가게 하고 사람들을 생존의 막다른 골목으로 내모는 데에 있을 거야. 아무리 화가 나도 상대의 밥그릇만은 건들지 않는 거라던데 하느님은 아예 파라오와 이집트인들의 버릇을 고치겠다고 작정하신 듯싶네. 그들의 생존 기반을 무너뜨리는 거잖아.

흔히 남의 것을 빼앗는 사람들이 그로 인해 문제가 생기면 빼앗은 것을 돌려주면 되는 거 아니냐고 어깃장을 부리는 경우를 종종 보게 되잖아. 그거면 된 걸까? 하느님은 거기에서 멈추질 않으셔. 재앙의 두 번째 단계가 '빼앗은 것들을 몰락'시키는 일이었다면, 세 번째 단계에선 '빼앗은 자들은 자신들 것마저 빼앗길 거라는 사실'을 뼛속 깊게 새겨놓을 생각이신가 봐. 마치 남의 밥그릇을 하찮게 여기면 네 밥그릇도 그렇게 하찮게 무너질 거라고, 이미 사라져서 보기 힘든, 그래도 어딘가에는 남아 있었으면 싶은 아주 오래된 진리를 꺼내 드신 거 같아.

하느님이 이토록 이집트인들을 거세게 몰아가는 행동에는 이 진리를 비단 이집트인들뿐 아니라, 세상의 권력 앞에서 눈치를 보던 이스라엘 백성의 마음속에도 깊게 각인시켜 놓으려는 의도가 있을 거야. "내가 그들에게 어떤 표징들을 이루었는지 네가 너의 아들과 너의 손자들에게 들려줄 수 있도록 하려는 것이며, 내가 주님임을 너희가 알게 하려는 것"이라고 이스라엘 백성에게도 말씀하시잖아. 하느님이 세상의 주인이고 그분께선 탐욕의 부조리한 승리를 방관하지 않으신다는 것을 알라는 얘기겠지. 우리도 물건을 훔친 아이를 혼낼 때 주위에 지켜보는 아이들이 많으면 더 엄격해질 수밖에 없잖아.

추락은 어디까지일까?

세 번째 단계의 마지막이 되는 재앙은 더욱 기묘하고 충격적이야. 이집트 땅에 빛이 사라지고 사흘 동안 어둠이 지속되는 재앙이야. 한 번도 들어보지 못한 재앙이지. 땅에 대한 어떤 기회도 주지 않겠다는 선언과 같아. 우박과 메뚜기 떼가 쓸고 지나간 폐허에서 다시 씨를 뿌리고 싹을 틔우면 되지 않겠느냐고 자신들을 추스르고 있었을 이집트인들에게, 하늘은 너희 편이 아니라고 못 박는 거잖아. 태양이 없다면 땅에선 어떤 것도 자랄 수 없으니까. 하느님은 정말 희망에 대한 한 치의 여백도 남겨놓지 않으려고 하셔. 태양이 사라졌다는 것은 다만 땅의 소출에만 영향을 주는 데에 그치지 않았을 거야. 이집트의 사회질서 자체를 혼란에 빠뜨렸을 테지. 이집트인들은 다른 어떤 민족들보다도 자연 질서와 사회질서를 동일시했어. 태양이 하늘의 중심이듯이 파라오를 세상의 중심으로 여기는 믿음이 파라오의 절대 권력의 근간이었을 거야. 이런 사회에서 태양이 사라지고 어둠이 사흘 동안 땅을 뒤덮은 사건은 질서의 이변이 아니라 질서의 파괴처럼 느껴졌겠지. 치명적인 타격을 입었을 파라오의 권력뿐 아니라, 어둠이 덮치자 "서로 볼 수도 없었고 자리를 뜰 수도 없었다"라는 진술을 보면 기존 사회질서가 송두리째 흔들리고 있다고 보여. 모두가 혼자가 된 거야. 사회 공동체를 유지한다는 것은 관계의 질서를 통해서 가능한 거잖아. 그렇기 때문에 모두가 혼자가 되었다는 것은 사회 공동체의 붕괴를 보여주는 거야.

이 장면에도 표징이 담긴 걸까? 탐욕의 세상에서 모두가 탐욕이란 어둠 속에 갇혀버리면 저마다 혼자가 되기 마련이잖아. 다른 누구도 보이지 않는, 혹은 보지 않으려는 어둠 속에 있는 거지. 탐욕의 동료들이란 결국 함께 있는 혼자들일 뿐이란 걸 우린 잘 알고 있잖아. 그런 사회는 몰락할 수밖에 없을 거야. 태양이 사라진다는 게 너무 옛날이야기 같다고 느껴지나? 사라마구의 소설 《눈먼 자들의 도시》에 나오는 '백색 질병'을 떠올려봐. 태양이 사라지지 않았는데도 모든 사람이 동시에 눈이 머는 전염병을 통해 탐욕의 무서움을 보여주는 이야기였잖아. 태양이 사라져서 보지 못하는 거나 보지 못하게 돼서 태양이 없어지는 거나 매한가지 아닌가? 태양이 사라진 어둠, 서로를 볼 수 없는 상황은 이집트인들의 탐욕이 맞이할 종말에 대한 표징일 거야.

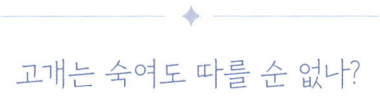

고개는 숙여도 따를 순 없나?

이 재앙들은 다른 재앙들보다도 하느님이 더 단단히 벼르고 시작하신 일이었어. "이번에는 내가 온갖 재앙을 너 자신과 너의 신하들과 백성들에 내려, 온 세상에 나와 같은 신이 없음을 네가 알게 하겠다"라고 예전과 달리 강력하게 선전포고를 하셨거든. 확실히 세 번째 단계의 재앙들을 겪은 파라오와 이집트인들의 충격은 컸어. 우박 재앙이 시작되기 직전만 해도 파라오의 신하들의 의견은 두 개로 나뉘어 있었지. 우박 재앙에 대한 말씀만 듣고 자기 집짐승을 대피시키는 신하들과 그 말씀을 마음에 두지 않은 신하들을 봐. 그런데 우박 재앙 이후에 모세가 메뚜기 재앙을 예고만 했을 뿐인데도 신하들 전체가 "저자들을 내보내시어 주 그들의 하느님께 예배드리게 하십시오. 이집트가 망한 것을 아직도 모르십니까?"라고 파라오에게 간청하고 있어. 그만큼 이 재앙의 여파가 컸던 탓에 전체 분위기가 바뀐 거지. 이제 파라오도 어쩔 수 없는 상황이 전개되는 거야. 그런데도 파라오는 여전히 온전히 승복하지를 않네. 흥분한 상태에서 모세와 아론에게 어린아이들을 뺀 장정들만 데리고 광야로 나가서 주님께 예배드리라는 조건부 허락을 하고 있어. 아이들을 두고 가라는 것은 이스라엘 백성이 광야에서 정말 예배만 드리고 나서 돌아올 수밖에 없도록 인질을 잡아두겠다는 심산인 거지.

파라오는 주님께 예배를 드리러 광야로 나가겠다는 모세의 말을 곧이곧대로 종교 행사로 받아들인 건가? 그렇게 원하는 종교 행사를 치르게 해줄 테니 행사 끝나고 반드시 돌아와야 한다는 거잖아. 하느님께 예배를 드린다는 의미는 파라오와 파라오의 진리들을 섬기는 것이 아니라 하느님의 진리를 섬기겠다는 선언인 거야. 다른 말로 그들의 세상을 버리고 하느님의 세상을 선택하겠다는 얘기지. 이걸 파라오가 모를 리가 없었을 텐데. 이해하지 못하는 게 아니라 이해하지 않으려는 거겠지. 말꼬리만 잡아서 청을 들어주는 척하겠다는 거잖아.

절대 권력을 자랑하던 위엄 가득했던 파라오가 이 정도로 잔머리를 굴려야 할 정도라면 이미 속으론 무너지고 있다고 봐야겠다. 그러니 메뚜기 재앙이 닥치자마자 "내가 주 너희 하느님과 너희에게 죄를 지었다. 이번만은 내 죄를 용서하고 주 너희 하느님께 기도하여, 이 치명적인 재앙을 거두어"달라고 그동안 볼 수 없었던 애원까지 하게 되는 거겠지. 그런데 또 마음을 금세 뒤집어버리는 건 뭐지? 이 정도까지 마음이 무너졌으면 이제 승복할 차례인데 왜 또 이러는 걸까? 하느님을 받아들일 수 없는 거야. 하느님이 전능하시면 뭐하냐고. 자기편이 아닌 노예들 편을 드는 전능하신 하느님일 뿐인데. 그래서 하느님 앞에 고개 숙일 수는 있어도 그 뜻을 따르기는 힘든 거지. 도대체 어디까지 탐욕의 추락을 지켜봐야 하는 걸까?

옛날 어느 나라에선
일식을 재앙이라 믿었던
사람들이 있었다.

탐욕이 빛을 가린다고
믿었기 때문이다.

걸음 다섯

백성을
구원하시는

하느님

탈출 10,24 - 15,21

하느님이 이제 이스라엘 백성을 고통 속에서 건져내십니다. 싸움은 재앙의 숫자만큼 길어졌지만, 구원은 하룻밤 새 일어났습니다. 마지막 재앙이 온 나라를 곡성으로 채워버린 밤에 이스라엘 백성은 숨을 죽인 채 이집트를 빠져나옵니다. 구원은 나팔 소리 울리는 위대한 승리가 아니라 조용한 탈출이었습니다. 모든 구원은 승리가 아니라 탈출이겠지요. 탐욕의 세상을 지배하는 자들을 무너뜨리고 그 꼭대기에 대신 앉게 되는 승리가 아니라, 탐욕의 세상으로부터 벗어나야 하는 일인가 봅니다. 이스라엘 백성은 탐욕의 세상이 무너지면서 뱉어내는 짙은 어둠의 곡성을 살갗 안쪽에 새겼을 겁니다. 영원할 것 같던 탐욕의 세상을 하느님이 어떻게 무너뜨렸는지 보았고, 탐욕의 세상이란 이기든 지든 신음 소리와 곡성이 그치지 않는 자리라는 걸 알았을 것입니다. 하지만 탈출은 순간이 아니라 여정이지요. 숨죽인 탈출의 순간이 지났지만, 그들 앞에는 또 다른 힘난한 시간이 놓여 있습니다. 갈대 바다를 뒤로하고 쫓아온 파라오의 군대와 마주 선 거지요. 결정해야 할 순간입니다. 돌아갈 것인지 나아갈 것인지를 말입니다. 갈대 바다를 건너 나아갈 수 있다면, 그들은 이제 탐욕의 세상과 이어진 마지막 탯줄을 자르게 되겠지요.

편지 14

마지막 재앙과 탈출 1, 마지막 밤의 긴박함

탈출 10,24-12,28

완고하게 했다는 말?

이쯤에서 반복되는 질문을 정리하고 넘어가야겠다. 어젯밤 너희가 '하느님이 파라오의 마음을 완고하게 만드셨다'는 말을 도무지 이해하지 못하겠다고 했지. 그냥 하느님이 몰아붙일수록 파라오는 더욱 탐욕에 집착하게 되는 상황인 거야. 이미 수차례 설명해온 것 같은데도 왜 너희가 이 말을 이해하지 못하는 걸까 생각해봤어. 아마 마음을 완고하게 하셨다는 뜻을 하느님이 파라오의 마음속에 들어가서 무슨 조작을 한 것이라고 생각해서 그럴 수도 있겠다 싶네. 너희 사고방식이 아이들과 살다 보니 아무래도 아이들을 닮아가잖아. 그래서 내가 가늠하는 것보다도 훨씬 단순할 때가 있거든. 마음을 조작했다는 뜻이 아니라 그렇게 될 수밖에 없는 상황을 만들었다는 이야기야. 엄연히 다른 이야기지.

너희도 내가 잔소리를 심하게 하면 그만하라고 하잖아. 좋은 마음으로 해보려고 하다가도 다시 하고 싶은 마음이 사라진다고. 아이들과 싸웠을 때는 더 가관이잖아. 내가 아이들 편을 들면 아이들과 화해하려는 마음이 싹 달아날 때가 있지? 내가 계속 너희한테 성찰 좀 하라고 하면 마음이 더 완고해지니까 그런 말 더 하지 말라며? 싸움이 더 커지면 그제야 이건 신부님 탓도 있다고 말하잖아. 신부님이 아이들 편만 드니까 더 성질이 났다면서. 파라오도 비슷한 거야.

문제는 하느님이 파라오를 적당하게 달래려고 하지 않으신다는 거지. '다른 노예를 줄 테니까 이 노예들은 풀어줄래?'라는 식으로 접근하지 않는다는 거야. 그냥 하느님은 절대 파라오 편을 들 수가 없었어. 한 사람이 다른 사람에게서 일방적으로 빼앗고 못살게 구는데 쌍방 과실을 이야기하면서 서로 잘못한 거라고 할 수도 없잖아. 빼앗지 말고 못살게 굴지 말고 그만 놓아주라고 하느님이 계속 밀어붙이는 상황인 거야. 이런 상황을 하느님이 주도하시는 거지.

그러면 파라오는 어떤 선택을 할까? 자신의 탐욕을 포기하면 좋을 텐데 너희가 나한테 하듯이 맞버티고 싶어 해. 자기가 이러는 데에도 이유가 있다는 변명이 그 속에 참 많았을 거 같다. 변명이 많아지면 자기가 오히려 억울해지거든. 파라오의 완고함이 지닌 논리 구조가 꼭 그럴 거야. 이런 파라오식의 논리를 조심해야 해.

잘못하면 '하느님이 파라오의 마음을 완고하게 하셨다'는 말을 가지고, 앞으로 벌어질 모든 죽음의 책임을 하느님 탓으로 돌릴 수도 있거든. 하긴 완고하게 하셨다는 말씀과 함께 하느님이 무슨 후렴구처럼 "내가 주님임을 알게 하겠다"라는 말씀도 함께 하시지. 이 말씀은 당신의 힘을 드러내겠다는 말이야. 네가 뭔가 믿는 구석이 있어서 고집을 부리나 본데, 내가 누구인지 본때를 보여주겠다는 뜻이기도 한 거야. 그러니까 너희도 하느님과 올바름 앞에선 그놈의 자존심을 내세우며 완고해지지 말라는 거지. 잘못하다간 파라오처럼 된다고. 너희는 파라오랑 상관없는 사람인 거 같지? 꼭 그렇게 단정할 수가 없어. 우리 아이들이 이스라엘 백성이라면 우리는 모세이거나 파라오이거나 둘 중에 하나일 거야.

결국 자기 무덤을 파는 건가?

탈출기 이야기를 이어가보자. 어둠의 재앙이 몰고 온 충격이 무척 컸나 봐. 파라오가 모세에게 마지막 제안을 하게 돼. 그런데 이미 협상의 구조가 뒤바뀐 게 보이지? 처음엔 모세가 이스라엘 백성을 풀어줄 것을 제안하고 파라오의 대답을 기다리는 형국이었다면, 이젠 파라오가 제안을 하고나서 모세의 말을 기다리고 있어. 힘이 이미 기울어졌다는 거지.

파라오의 제안은 아이들을 데리고 나가되 가축들만은 남기고 가라는 거였어. 양식과 재산은 남겨놓고 몸만 가라는 거잖아. 광야로 나가자마자 먹을 게 없으면 돌아올 거라는 계산일까? 아니면 노름판에서 다 잃은 사람이 떼쓰는 구걸 같은 걸까? 무엇이든 이 제안은 그냥 갖고 있는 재산을 내놓으라는 거잖아. 잔머리이든 떼씀이든 탐욕의 끝은 이렇게 비루하네.

그런데 하느님이 이것마저 용납하지 않으니까 고집만 남은 파라오는 이제 어떻게 되든 끝까지 가보자고 마음먹은 거 같아. 더 잃을 것도 없다는 생각이겠지. 초라해지면 고집이 더 세지잖아. 막가는 거지. 이제는 끝내 자신의 제안을 거절하는 모세에게 다시 눈에 띄면 죽여버리겠다는 협박까지 하네. 마지막 탐욕의 발악이었는지는 몰라도 파라오의 이 언행은 상상하지도 못한 하느님의 무서운 대답으로 돌아오고 있어. 파라오가 이스라엘 백성의 가축을 빼앗고자 한다면 이집트 백성의 모든 금은보화를 털어버릴 것이고, 하느님이 선택한 사람인 모세를 죽이고자 한다면, 이제 너희의 모든 맏아들과 짐승의 맏배까지 죽이겠다는 대답이야. 파라오는 자기 무덤을 스스로 파버린 걸까? 여전히 이스라엘 백성을 풀어주지 않는 파라오는 그들의 가축과 모세의 목숨으로 마지막 흥정을 벌이고 있어.

아홉 가지 재앙으로 하느님의 주권을 확인해왔으면서, 비루해질수록 더 완고해진 파라오는 탐욕 때문에 생각할 능력마저 상실한 건가? 어쩌면 이런 상태가 가장 위험할 수 있어. 탐욕으로 이성을 상실해서 흥분 상태가 되면 무슨 일을 벌일지 모르잖아.

왜 서둘러야 했을까?

파라오와 모세의 살벌한 긴장감 속에서 이제 마지막 재앙이 시작될 거야. 마지막 재앙은 우리가 이미 아는 것처럼 하느님이 이집트의 맏아들을 쳐서 이스라엘 백성을 파라오의 손에서 구해낸다는 내용이야. 이 이야기는 먼저 하느님이 재앙 밖에서 재앙을 지켜보던 이스라엘 백성에게 하시는 긴 말씀으로 시작하고 있어. 파라오가 두려워서 모세와 아론에게 등을 돌렸던 이스라엘 백성도 재앙을 목격하는 가운데 당연히 심적 변화를 겪었겠지. 이집트인들이 추락하는 만큼 해방이 현실로 다가온다고 느꼈을 거야. 때가 온 거지.

이제 하느님은 모세와 아론을 통해 이집트인들에게 마지막으로 벌어질 일과 떠나기 위해 준비해야 할 것들에 대해 상세하게 알려주셔. 일 년 된 흠 없는 숫양이나 숫염소를 준비해놓고 약속하신 날 저녁이 되면 잡아서 그 피는 문기둥과 위쪽에 모두 바른 다음, 그 고기는 통째로 불에 구워 누룩 없는 빵과 쓴 나물을 곁들여 먹어야 한다는 내용이야. 서둘러 도망치는 사람들의 긴박감이 느껴지지? 먼 길을 걸어야 하고 고된 싸움을 해야만 하는 사람들의 마지막 만찬 같잖아. 하지만 여유가 없네. 고기로 배를 채워야 하지만 서둘러야 하나 봐. 고기에서 내장을 발라낼 시간도 없고, 빵에 누룩을 넣을 시간도 없고 나물을 삶아 쓴 물을 빼낼 시간도 없대. 오죽하면 허리에 띠를 매고 신을 신고, 지팡이를 들고 먹으라고 할까. 또 양과 염소를 준비해놓고 나흘이나 지나서 한날 저녁에 이스라엘 모든 공동체가 함께 잡으라는 지시는 마치 비밀 작전 같지 않니? 파라오와 이집트인들 몰래 똘똘 뭉쳐서 한순간에 일사불란하게 떠나기 위해 작전을 수행하는 부대 같잖아.

하느님은 왜 이리 서두르며 군대처럼 행동하라는 걸까? 이미 파라오는 상황을 막장으로 몰고 가고 있거든. 막다른 골목에 몰린 파라오가 이스라엘 백성의 가축을 빼앗고 모세의 목숨을 노릴 생각까지 품는다면, 하느님은 이제 어떤 선택을 해야 할까? 지금까지 재앙들은 적어도 목숨을 빼앗는 재앙은 아니었잖아. 그런데 이제 서로 목숨을 건 싸움이 된 거야. 그래서 하느님은 당신의 백성 가운데에서 누구 하나 다치기 전에 파라오보다 먼저 움직이시려는 거지. 하느님은 약속한 그 밤에 당신이 직접 이집트의 맏아들과 맏배를 모조리 쳐서 이집트인들을 두려움에 떨게 만들 테니까, 그 혼란한 틈에 이스라엘 백성은 서둘러 이집트 땅을 빠져나가라고 알려주고 계셔. 아홉 재앙의 경험을 복기해보면 파라오의 마음이 언제 어떻게 또 바뀔지 몰라. 그래서 주어진 시간은 짧을 거야. 그 시간을 최대한 이용해야겠지.

이 계획이 성공하려면 무엇보다 이스라엘 백성의 단호한 결정이 중요할 거야. 떠남에 미련을 갖거나 여전히 파라오에 대한 두려움이 남았거나 방관자로 상황을 더 주시하려다가는 계획이 수포로 돌아갈 수 있어. 자식을 잃은 파라오와 이집트인들이 흥분하면 오히려 더 많은 피를 흘리게 될지도 모르잖아. 다행히 모세와 아론을 통해 모든 계획을 들은 이스라엘 백성은 무릎을 꿇고 경배한 뒤 돌아가서 모든 명령을 그대로 이행하기로 해. 재앙을 지켜보면서 하느님의 엄청난 손길을 느껴서일까? 이제 세상의 힘을 두려워하는 길에서 하느님을 믿고 걸어갈 길로 돌아선 건가? 확실한 것 하나는 이들이 모세와 아론을 자신들의 지도자로 인정하는 모습이겠다. 모세와 아론의 입으로 들은 하느님의 계획에 따라, 이제 이들은 긴장되는 그날 밤의 탈출을 위한 준비에 들어갈 거야.

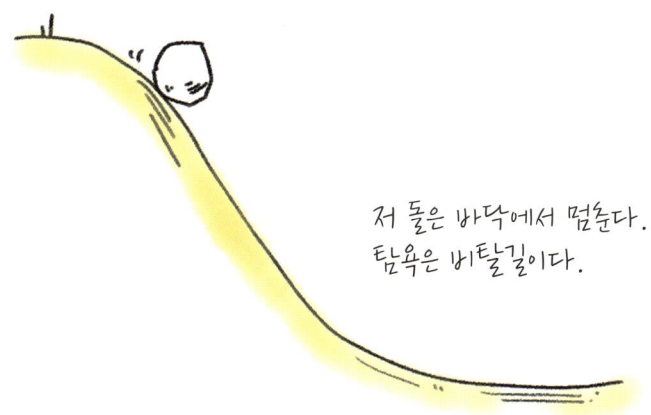

편지 15

마지막 재앙과 탈출 2,
아픈 구원

탈출 12,29-13,16

같은 울음만이 유일한 길일까?

그날 밤, 하느님은 문기둥에 피가 발린 이스라엘 백성의 집만을 빼고 정말로 이집트 땅의 모든 맏아들과 맏배를 치셨어. 혹자는 이집트 전 지역에서 동시에 상이 날 수 있는 경우는 전염병밖에 없었을 거라고 추정하기도 하지만, 어떻게 무엇으로 치셨는지에 대한 설명은 본문에 나오지 않아. 다만 왕궁에서부터 모든 이집트의 집마다 곡성이 터져 나왔다고만 해.

후우, 여기선 잠시 읽기를 멈춰야겠다. 아무래도 그래야겠어. 니희도 여기선 조금만 호흡을 가다듬고 가자. 여기가 이 재앙 사건의 클라이맥스일 텐데 뭔가 감정이 복잡해지지 않니? 탐욕에 갇혀서 끝까지 이스라엘 백성을 괴롭힌 쪽은 그들의 부모들인데 왜 그 자식들이 죽어야 하는 걸까?

여기까지 신나게 한 호흡으로 재앙 이야기를 읽어내던 나 자신이 민망해지네. 내 자식 아프게 했다고 남의 자식 아픈 것을 보고 통쾌해해선 안 되잖아. 슬퍼하지는 못해도 기뻐할 수도 없지 않나? 파라오랑 똑같은 사람이 되어선 안 되잖아. 그럼 이 장면쯤에서 나는 무엇을 보고 싶었던 걸까? 아마 파라오 자신이 철저하게 벌을 받아 파라오의 자리에 쫓겨나면서 회개의 눈물을 흘리는 장면 정도면 어땠을까? 하긴, 그게 불가능하다는 것을 지금까지 되풀이해서 확인했잖아. 그러면 가장 소중한 가족인 맏아들의 죽음만이 파라오의 탐욕을 해체할 수 있는 유일한 길이었을까? 도무지 모르겠어.

이 이야기를 읽는 제삼자로선 파라오가 벌을 받아야 한다는 것까지는 절대적으로 동의하지만, 이렇게까지 엄청난 재앙을 원했던 건 아니었다고 슬쩍 발을 빼게 되지 않니? 이스라엘 백성을 고통에서 벗어나게 할 다른 길을 알고 있지도 않으면서 이건 또 부담스러운, 어중간한 입장인 거지. 내 마음이 그러네. 맏아들의 죽음이란 이 끔찍한 재앙은 다만 위협용으로만 사용하면서도 하느님이라면 다른 길을 찾으실 거라고 은근히 기대하고 있었는지도 모르겠다.

하긴, 나도 이런데 하느님이라고 왜 고민하지 않으셨겠어. 그런데도 이런 선택을 할 수밖에 없는 하느님의 마음을 헤아려봐야겠지. 모세가 처음 이집트로 떠나는 날에 하느님은 이미 "이스라엘은 나의 맏아들이다. 내가 너에게 내 아들을 내보내어 나를 예배하게 하라고 말하였건만, 너는 거부하며 그를 내보내지 않았다. 그러니 이제 내가 너의 맏아들을 죽이겠다"는 말을 파라오에게 전하라고 하셨어. 하느님은 파라오의 탐욕이 끝내 이런 비참한 상황까지 치닫게 될 줄 처음부터 알고 계셨던 거야. 하지만 알고 계셨다고 해서 그렇게 되기를 바라셨다고는 할 수 없지. 그러니까 앞서 아홉 재앙을 내리면서 계속 설득하셨을 거야.

탐욕의 반대말은 연민이야. 탐욕은 타인의 고통과 슬픔을 읽어내지 못하는 문맹이고, 연민은 타인의 슬픔과 고통을 읽어내는 마음인거지. 그래서 탐욕을 해체할 수 있는 길은 탐욕의 자리에 연민이 들어서야만 가능할 거야. 이게 천재지변처럼 어려운 일이긴 하겠지만 그 길밖에 없어. 그래서 하느님은 스스로 연민을 가질 수 없는 파라오에게 억지로라도 그 속에 연민을 담아놓아야겠다고 마음먹으신 거야. 자신이 상처를 준 사람들과 같은 아픔과 같은 울음을 지니게 될 때 그들의 마음을 알 수 있는 공간이 생길지도 모르잖아. 그것만이 탐욕을 무너뜨릴 수 있는 마지막 남은 방식일 거야. 그래서 이집트 맏아들의 죽음이란 재앙은 당연하게 히브리인들이 겪었던 유아 살해 사건과 겹쳐질 수밖에 없어.

　죄 없는 어린양의 피가 문설주에 발린 이스라엘 백성의 집만은 재앙이 건너갔다는 이야기를 봐. 이는 마치 죄 없는 어린아이의 죽음을 이미 겪었던 집이란 표시를 그렇게 한 거 같잖아. 마지막 재앙은 분명 연민을 위한 고통의 재현이란 형태를 취하고 있어. 이게 탐욕을 무너뜨리기 위한 하느님의 마지막 방식이었나 봐. 하느님도 다른 방법은 없었던 거야. 탐욕은 연민으로만 해체될 수 있는 거니까.

구원은 아픈 선택일까?

이 이야기에는 감정적으로 예민한 요소들이 있으니까 조심해서 읽었으면 좋겠어. 무엇보다 재앙 이야기를 한낱 복수극으로만 읽어낼 위험이 있거든. 재앙 이야기는 구원에 대한 이야기야. 하느님의 목적은 이스라엘 백성을 고통에서 구원하시려는 거야. 구원이 목적이고 재앙은 피할 수 없는 과정이라고 봐야 해. 재앙을 목적으로 여기면 정의롭지만 잔인한 하느님만 남게 될 거야. 복수란 당한 만큼 똑같은 폭력을 가해서 상처 난 자신을 회복하려는 거잖아. 박찬욱의 복수 시리즈 영화들을 떠올려봐. 복수에는 구원이 없고 상처 난 두 사람만이 남아. 거기에는 비참함만이 있지. 마지막 재앙 이야기를 복수극으로만 읽으면 우리가 이집트 아이들의 죽음을 기뻐하는 정의로운 괴물이 될 수도 있다는 얘기야. 같은 아픔과 같은 울음이란 재앙은 하느님이 복수를 위해서 선택한 일이 아니라, 이스라엘 백성의 구원을 위해 파라오의 마음속에 연민을 만들려는 선택이었다고 봐야지. 맏아들의 죽음은 마지막까지 미뤄놓은 재앙이었다는 사실을 잊으면 안 돼.

여하튼 하느님의 마지막 선택은 바로 효과가 나타났어. 맏아들의 죽음을 겪은 이집트인들이 "우리가 모두 죽게 되었구나"라면서 이스라엘 백성을 이집트에서 나가라고 하잖아. 다음은 자신의 차례라는 경고로 받아들인 거지. 아쉽게도 이들의 마음에서 여전히 연민의 흔적을 발견할 수가 없네. 다만 두려워할 뿐이잖아. 두려워서 움직인 마음은 상황에 따라 금방 변하기 마련인데. 어떻게 해도 탐욕 속엔 연민의 자리가 생길 수 없나 봐. 이유가 뭐가 됐든 파라오는 드디어 이스라엘 백성을 놓아주고 재앙은 끝이 났어. 나일강의 피에서 시작해서 이집트 맏아들의 피로 끝나는 험난한 열 재앙이었지. 열 재앙이 비참한 재앙이었다면 하느님도 그만큼 아픈 선택을 하셨던 거야.

너희도 이 아픈 선택이 뭔지 알고 있지 않니? 우리 아이 중에 습관적으로 도망치는 녀석들이 가끔 있었지. 이런 녀석은 꼭 혼자 도망가는 게 아니라 다른 순진한 아이들을 꼬여서 도망가잖아. 그런데 이 녀석은 다음 날 꼭 집으로 돌아오고 다른 녀석들은 사라져서 찾지를 못하게 돼. 처음엔 너라도 돌아와서 다행이라고 추슬러주다가 아이를 열 명쯤 잃고 나서야 그 아이를 다른 시설로 보내게 되더라. 그 아이가 안쓰러워도 어쩔 수 없이 그렇게 선택할 수밖에 없었어. 이런 선택을 할 때 꽤 아프잖아. 하느님도 그러지 않았을까? 변하지 않는 파라오에게서 고통받는 이스라엘 백성을 구해내기 위한 최후의 방식으로 아픈 선택을 하셨던 거지. 가끔 그 아이는 그 후로 어떻게 바뀌었을까 하는 생각이 들 때가 있어. 파라오는 어땠을까? 연민을 배우기는 고사하고 비참한 납득이라도 했을까? 여전히 똑같을까? 여하튼 하느님은 아픈 재앙이자 아픈 구원을 선택했고, 곡성이 가득했던 밤을 지나 이스라엘 백성은 긴 행렬을 지어서 머뭇거리지 않고 서둘러 이집트 땅을 떠나. 격정의 밤이 지났어.

어떻게 기억해야 할까?

마지막 재앙 이야기를 읽어내는 게 쉽지 않지? 내용이 지닌 비참함 때문이기도 하지만 서술의 딱딱함도 한몫을 했을 거야. 마지막 재앙 사건의 앞뒤로 의식儀式에 관한 설명이 덧붙여져 있잖아. 그래도 이런 의식의 딱딱함 덕분에 감정이 가라앉고 조금 차분해진 이성으로 읽게 되는 장점도 있어. 이 사건을 오래도록 기념하려면 아마 이런 차분함이 필요할 거야. 이스라엘 백성은 하느님이 어떤 과정과 어떤 대가를 치르면서까지 자신들을 구원했는지를 후손 대대로 기억하고자 해. 그 기억의 방식이 바로 파스카와 무교절 축제, 만배의 봉헌으로 나오고 있지. 이 축제들은 본래 집짐승의 다산을 비는 고대 유목민의 제사와 새 누룩을 위해 헌 누룩을 치우는 농경민의 제사에서 유래되었다고는 해.

하지만 이스라엘 백성은 이 축제를 자신들의 역사 안에서 온전히 재해석해서 하느님의 구원을 기억하는 특별한 방식으로 받아들인 거야. 파스카 축제는 그날 밤처럼 똑같이 어린양을 통째로 구워 먹으면서 그 긴박감을 그대로 재현하는 의식이고, 무교절 축제는 일주일 동안 누룩 없는 빵을 먹으면서 구원의 순간을 되새기는 의식이라고 보면 돼. 맏아들의 봉헌도 마찬가지겠지. 죽음의 재앙 속에서 지켜진 이스라엘의 맏아들을 하느님께 봉헌함으로써 그날을 기억하는 의식이야. 이런 의식들은 중요해. 과거의 사건은 기억 속에 있는 것이라서 그 기억을 담아낼 수 있는 그릇이 필요하겠지. 그릇이 없으면 시간이 흐르면서 흩어져 날아가 버리거든. 잊어서는 안 되는 기억을 담아내는 것이 바로 기억의 의식이야. 그리고 의식으로 재현되는 기억은 지금 여기서도 다시금 벌어지는 사건이 되는 거지.

사백삼십 년간의 이집트 생활을 끝내고 하느님이 자신들을 구원한 그 밤의 사건을 그들은 절대로 과거의 한 사건으로만 남겨놓을 수는 없었을 거야. 엄청난 사건이었으니까. 그래서 탈출기의 편집자는 일부러 마지막 날의 사건을 파스카와 무교절 축제 의식들과 뒤섞어놓은 거 같아. 지금 거행하는 파스카나 무교절 축제를 오래전 그날 밤의 사건들과 하나의 시간 안에 모아놓으려 했다는 거지. 과거의 사건이 아니라 지금 여기의 사건으로 받아들이게 하려는 의도일 거야. 덕분에 읽기가 편안해지지 않았지만, 그 마음은 충분히 이해하겠어. 이스라엘 백성에겐 재미로 읽는 책이 절대로 아니었을 테니까. 그날 밤의 사건은 흥밋거리가 아니라 모든 설움의 순간마다 되새기며 읽어야 할 장엄하고 숙연한 기억이었을 테니까.

편지 16

탈출과 탄생 1,
갈대 바다의 긴박함

탈출 13,17-14,14

익숙한 과거를 벗어나려면?

이집트를 떠난 이스라엘 백성은 이제 하느님이 줄곧 약속하셨던 땅, 가나안으로 가야겠지. 그리 먼 길이 아니야. 지름길로 가면 걸어서 열흘 안쪽이면 돼. 그런데 하느님은 지름길이 아닌 광야로 돌아서 가는, 길고 어려운 길을 선택하셔. 현명한 결정이지. 또 언제 마음이 바뀔지 모르는 파라오의 군대가 쫓아온다면 쉬운 길일수록 잡히기도 쉬울 테니까. 그래서 옛날 영화들을 보면 도망치는 노예들은 일단 산으로 들어가잖아.

잡히지 않으려면 쫓아오기 힘든 곳으로 가는 게 당연하지. 그런데 재미난 건 하느님은 다른 이유로 이 길을 선택하셨다는 거야. "그들이 닥쳐올 전쟁을 내다보고는 마음을 바꾸어 이집트로 되돌아갈" 것을 방지하기 위해서였대. 하느님은 파라오가 쫓아오는 것을 염려하신게 아니라 이스라엘 백성이 마음을 바꾸어 되돌아갈까 봐 염려하고 계셔.

하긴 오랜 노예 생활에 길들었던 이스라엘 백성의 첫걸음이란 게 얼마나 불안했겠어. 새로운 어려움보단 익숙한 힘겨움이 낫다고 여기면 언제라도 돌아갈 수 있는 사람들인 거지. 모세도 이런 이스라엘 백성의 상태를 알고 있었으니까 그 긴박한 상황에서도 요셉의 유골까지 챙겨서 떠나게 되었을 거야. "하느님께서 반드시 여러분을 찾아오실 것입니다. 그때 여기서 내 유골을 가지고 올라가십시오"라는 요셉의 유언에 따른 것이지만, 여기엔 모세의 정치적 선택이 가미되어 있었겠지. 이집트에 노예로 팔려 와서 이집트 생활의 시조가 되었던 요셉의 유골을 꺼내간다는 것은 다시 돌아오지 않겠다는 민족적 선언과 같은 거잖아. 그곳에 어떤 추억의 흔적도 남기지 않겠다는 거야. 이 정도로 마음을 먹었으면 이제 어떤 미련도 없이 뒤를 돌아보지 말고 오직 앞만 보고 가자는 거겠지. 힘든 과거를 벗어나서 가보지 않았던 다른 길을 걸어야 하는 사람들이라면 당연한 결심일 거야.

  그런데 이게 그리 쉽지가 않아. 마음만 먹었다고 되지를 않잖아. 앞에 놓인 길이 행복 가득한 꽃길이라면 굳이 돌아갈 생각이 날 턱이 없을 거야. 문제는 어려움이 닥칠 때지. 그럴 땐 수없이 결심했어도 수없이 흔들리기 마련이거든. 그 힘든 시간을 겪고 우리 집에 들어온 아이들인데도 생전 안 해본 공부를 해야 한다거나, 하루에 한 번 꼭 샤워를 해야 한다는 아주 단순한 규칙들이 힘들어서 예전 살던 곳으로 돌아가겠다고 어깃장 부리잖아. 긴 시간 억압에 익숙했던 이스라엘 백성이 한 번도 살아보지 못한 자유라는 힘겨움에 적응하려면 시간이 꽤 필요할 거야. 그런 마음들을 너무 잘 알아서 하느님은 아예 돌아가겠다는 생각을 못하도록 힘든 길을 선택하신 거야. 그리고 그 길을 밤낮으로 구름 기둥과 불기둥으로 인도하셨다고 해. 뭐 어떤 성서학자들은 이 구름 기둥과 불기둥이 긴 행렬의 앞에 있었던 연기와 횃불 봉화가 상징적 변화를 겪으면서 만들어진 표현이라고도 해. 하지만 난 왠지 뒤돌아보지 말고 앞만 보고 걸어가라고 밤낮없이 목이 쉬어라 외쳐대는 하느님의 소리처럼 들리고, 이리 오라고 마구 흔들고 있는 하느님의 손짓처럼 보인다. 너희도 내가 밤낮없이 하는 잔소리들을 구름 기둥과 불기둥이라고 여기면 좋으련만.

돌아가는 건 한 순간인가?

길을 떠나서 구름 기둥과 불기둥을 따라 갈대 바다 앞에까지 다다른 이스라엘 백성은 이제 첫 난관을 만나게 돼. 또 마음이 변한 파라오가 군대를 몰고 갈대 바다까지 쫓아온 거야. 다시 노예들을 잡아가겠다는 거지. 파라오의 탐욕도 참 질기다. 아들까지 잃었으니까 이제 그냥 무조건 이겨야 한다는 독기만 남은 건가? 모든 병거와 기병까지 대동하고 파라오가 직접 나섰다는 걸 보면 거의 전쟁을 치르러 가는 상황이잖아. 이제 이스라엘 백성은 출구 없는 갈대 바다와 무장한 파라오의 정예 군대 사이에 갇힌 꼴이 되었어.

결연한 마음으로 이집트를 떠나서 당당하게 걸어가던 이스라엘 백성이었지만, 이집트 군사들을 눈으로 확인하게 되자 바로 두려움에 휩싸여서 원망을 쏟아놓게 돼. "이집트에는 묏자리가 없어 광야에서 죽으라고 우리를 데려왔소? 어쩌자고 우리를 이집트에서 이끌어내어 이렇게 만드는 것이오? '우리한테는 이집트인들을 섬기는 것이 광야에서 죽는 것보다 나으니, 이집트인들을 섬기게 우리를 그냥 놔두시오' 하면서 우리가 이미 이집트에서 당신에게 말하지 않았소." 원성이 꽤 신랄

하네. 죽음에 대한 두려움을 느끼고 있는 상황이야. 목숨을 지키기 위해 그 험한 노예 생활도 견디어낸 것인데 뭔지도 모를 자유라는 가치 때문에 목숨을 내놓을 수는 없다는 거야. 이들이 느끼는 생존의 두려움은 당연해 보여. 다만 죽음에 대한 두려움에서 노예 생활로 돌아가는 선택이 어떤 고민의 간격이 없이 한순간에 이루어지는 게 좀 신기하다. 두려움과 마주하자 원망과 복종이 거의 반사적으로 나오잖아.

  이게 누구나 다 그런 게 아니야. 극한 상황에서 나오는 사고의 습성은 다 다르거든. 재난 영화들이 재미난 이유는 극한 상황에서 나타나는 인간들의 다양한 사고 때문이잖아. 이스라엘 백성의 이런 사고 습성들은 무어라 정의할까? 노예 생존 습성이라고 하면 어떨까? 노예 생존 습성이란 원망과 복종을 통해 생존하는 방식이야. 두려운 일이 생기면 탓을 돌릴 사람과 자신의 유익을 찾아 빠르게 복종하는 방식이지. 그래서 이들은 바로 모세에 대한 원망과 함께 이집트인을 섬기겠다는 마음의 결정을 그토록 빠르게 내릴 수 있었을 거야. 다른 가능성을 묻지도 상의하지도 않아. 열 재앙을 목격했던 사람들인데도 돌아갈 결정은 한순간에 이루어지잖아. 이런 사고 습성은 오랜 억압을 받아온 사람들에게 아주 흔히 나타난다고 해. 이들에겐 누구를 섬기느냐가 중요한 게 아니거든. 누구를 섬겨야 생존할 수 있느냐가 중요하기 때문이지.

우리 아이들이 너희에게 사랑한다고 말한다고 해서 너무 좋아하지 마. 그게 다 이 집에선 너희한테 잘 보여야 하는 걸 알아서 그런 거야. 꽤 많은 선물을 뿌려주는 외부 방문객이라도 오면 너희가 순간적으로 아이들에게 잊히잖아. 그 며칠 동안 저 사람을 사랑하는 게 유리하다고 판단한 거야. 오죽하면 다짜고짜 사랑한다고 달려드는 녀석한테 방문객이 난 너를 처음 본다고 하니까 보기 전부터 사랑했다는 말을 하더라. 이런 꼴이 잠잠해져야 집이 안정됐다고 느끼지. 그래, 이스라엘 백성이 이렇게 생존에 유리한 결정을 하는 것은 그래도 이해할 수 있을 거야. 이제 막 억압의 세상을 벗어난 사람들의 첫걸음인데 어쩌겠어. 더욱이 극한 상황이었으니까.

그런데 원망은 왜 하는 걸까?

"이미 이집트에서 당신에게 말하지 않았소"라고 모세에게 말하는 모양새가 좀 얄밉지. 극한 상황에서 그런 말을 한다고 뭐가 달라지지 않잖아. 그런데 굳이 이런 분풀이가 이렇게 다급한 상황에서 필요한 걸까? 문제를 해결할 수는 없지만, 책임을 돌려서 자신에게 닥칠 상황의 무게를 줄이려는 거야. 그래야 생존의 구멍이 조금 생긴다고 느끼거든. '내 책임이 아니니까 나는 좀 덜 당하겠지'라는 거야. 초창기에 보모가 뜨거운 물을 쏟아서 아이가 세 번이나 피부 수술을 받은 적이 있었어. 보모도 실수였는데 어쩌겠나 싶어서 '다음부터 주의하면 되지. 좀 더 세세하게 가르쳐주지 않은 내 탓도 크다' 하고 말했더니 다음 날, 온 집안에 내가 물을 엎질러서 아이가 다친 거라고 소문이 쫙 났던 적이 있었어. 그때 그 보모가 이해가 안 됐는데 이제 알 것 같다. 이스라엘 백성 같았나 봐. 극한 상황이 벌어지면 원망의 대상을 찾아 책임을 넘겨씌우려는 습성이 자기도 모르게 한순간에 나왔던 거겠지. 이해는 하는데도 씁쓸하다.

무엇이 다르게 행동하게 만든 걸까?

같은 극한 상황 속에 있는데도 모세는 이스라엘 백성과 다른 모습을 보여. 모세는 의외로 차분하고 자신을 원망하는 이스라엘 백성을 탓하지도 않아. 잠자코 있으래. 두려워하지 말고 하느님이 하실 일을 똑바로 서서 지켜보래. 모세에게 보이는 사고의 습성은 확실히 다르지. 잠자코 있으란 말은 아무것도 하지 말라는 얘기가 아니라 불안으로 호들갑 떨지 말란 얘기야. 제발 두려워하지도 말래. 상황에 대한 두려움이란 비참한 설정을 예상하기 때문에 나오는 감정일 거야. 그래서 지금 현 상황의 문제를 해결하는 데 전혀 도움이 되지 않아. 오히려 혼란을 가중하게 될 뿐이지.

아무리 두려워도 상황을 현명하게 대처하려면 두려움에서 벗어나려고 노력해야 할 거야. 그리고 똑바로 서야겠지. 도망칠 수도 없는 상황이라면 받아들이거나 싸울 수밖에 없잖아. 몸과 마음에 긴장을 올리고 바로 서야겠지. 두려워할 여유도 슬퍼할 여유도 사치야. 다만 눈앞에 놓인 것들과 부딪칠 수밖에 없다면 몸과 마음이 흐트러지지 않게 하고 힘을 꽉 줘야지. 하느님이 함께 있다고 믿고 말이야. 그리고 하느님이 이제 하실 일을 지켜봐야 해. 아무것도 하지 않고 지켜보는 일이 아니야. 하느님이 하시는 일을 지켜보면서 그분이 하시는 말씀과 행동을 따라나서려는 거지. 똑바로 봐야 해. 잠자코 있으란 말 때문에 잘못하면 모세가 하느님께 모든 것을 맡기고 수동적인 기다림의 상태에 있다고 생각할지도 모르겠다. 아니야, 수동적이었다면 가만히 앉아서 보라고 했겠지. 모세는 똑바로 서서 굉장히 전투적인 자세를 취하고 있어. 다만 하느님이 함께 싸울 거라고 믿을 뿐이지. 모세는 이어서 하느님과 상의하고 말씀을 듣고 그 말씀에 따라 행동하잖아. 모세에게서 온전한 지도자의 사고를 보게 되네. 열 재앙 사건을 거치면서 모세는 하느님의 주권을 확실히 신뢰하게 됐나 봐. 그러니까 이렇게 다른 행동을 할 수 있는 거겠지.

그런데 궁금한 건 모세는 속으로도 정말 두렵지 않았을까 하는 거야. 사실 모세가 한 말은 백성에게 들려준 말이잖아. 모세의 마음속으로 들어가서 볼 수 있는 게 아니라서 뭐라고 단정 지을 수는 없지만, 이어 나오는 구절에서 하느님이 모세에게 "너는 어찌하여 나에게 부르짖느냐?"고 말씀하셔. 상상해봐. 모세도 속으론 두려워하면서도 백성에겐 두려워하지 말라는 거 같지 않니? 이 마음 알겠어. 사람을 돌봐야 하는 사람은 이럴 수밖에 없더라. 나라도 정신 차리고 있어야 한다는 마음 같은 거지. 우리 집에선 이런저런 사고가 쉬지를 않잖아. 그럴 때마다 우리 너무 호들갑 떨지 말자. 아이들보다 먼저 두려워하면 안 되겠지. 속으로 누군가를 원망하지도 말고. 아이들을 생각해서 두려워도 내색하지 말고 똑바로 서서 하느님을 믿고 따라봐.

편지 17

탈출과 탄생 2, 탄생의 서사

탈출 14,15-15,21

모세와 이스라엘 백성이 바다를 건너는 이야기는 아마 종교를 떠나서 모르는 사람이 없을 거야. 그만큼 유명한 얘기잖아. 내가 꼬맹이 때 성당에서 들었던 이야기 중에 가장 신나는 장면이기도 했지. 파라오의 군대가 쫓아오자 모세가 손을 뻗어 바다를 가르고 백성과 함께 걸어가는 장면이나, 그 뒤에 바닷물이 덮쳐서 이집트 병사들이 침몰하는 장면은 이야기로 듣는데도 영화를 보는 듯했어. 하지만 커가면서 자연스레 잊어버린 이야기이기도 해. 성인이 되면 잊어버리는 옛날이야기처럼 비현실적인 동화로 여겼기 때문일 거야. 이렇게 많은 시간이 흐른 뒤에서야 이 이야기를 다시 세심하게 들춰보게 됐네. 아이들 때문이야. 한밤중에 추레한 몰골로 경찰차를 타고 우리 집에 들어선 아이들을 보면 마치 바다를 건너 왔다는 생각을 하게 되거든. 또 이미 우리 집에 살고 있는 아이들이라 해도 마음 깊은 곳에선 여전히 깊은 바다를 건너는 중일지도 모르잖아.

바다를 가로질러 마른 땅을 건너려면?

이야기에서 먼저 눈이 가는 장면은 구름 기둥의 위치 변화야. 파라오의 군대가 이스라엘 백성을 따라잡기 일보 직전이었어. 이스라엘 백성을 맨 앞에서 인도하던 구름 기둥이 행렬의 꽁무니로 자리를 옮겨서 이집트 군사들의 길을 막아선 거지. 구름 기둥이 하느님의 손길이기도 하겠지만 봉화의 상징 변화라고 본다면 행렬을 인도하던 사람들이 맨 뒤로 위치를 바꾼 거야. 보통 이런 행렬에선 지도자와 힘센 장정들이 맨 앞에 있어야 해. 길의 방향을 결정하고 위험 요소를 제거하려면 그게 당연하지. 그런데 파라오 군대가 접근하자 이들이 맨 뒤로 이동을 하네. 이스라엘 백성이 아주 오합지졸은 아니었나 봐. 먼저 살자고 힘센 사람들부터 도망치는 형태가 아니라 걸음이 느린 노약자들과 아이들을 보호하는 진형을 구축하고 있잖아. 그런데 이런 위치 변화로 인해 자연스럽게 행렬의 머리는 파라오 군대를 향하고 꼬리는 갈대 바다 입구에 놓인 진형이 짜였을 거야. 모세는 아이들과 노약자들과 함께 꼬리 쪽인 갈대 바다 앞에 서 있게 된 거지.

모세는 이제 하느님이 명하신 대로 바다를 향해 손을 들어. 그러자 밤새 거센 샛바람이 불어 바다가 갈라지고 마른 땅이 드러났대. 여기서 예전에 모세가 소명을 받을 때 지팡이를 뱀으로 바꾸고 꼬리를 잡아서 다시 지팡이로 바꾸는 능력을 받았던 거 기억나니? 모세는 지금 꼬리를 잡고 있는 거야. 모세가 받았던 이 능력은 바로 이 순간을 위한 것이었나 봐. 단순히 보여주기 위한 요술 같은 게 아니었던 거지. 가장 여린 사람들의 떨리는 손을 잡고 바다가 갈라진 마른 땅으로 걸어 들어가는 모세를 상상해봐. 누구든 앞에 놓인 저마다의 바다를 건너는 길도 이럴 거야. 연약한 이들의 손을 잡고 하느님이 마련하신 길을 믿고 들어서는 거겠지. 그래야 약한 이들과 힘센 이들 모두 살아남게 될 거야.

이어지는 이야기도 흥미롭다. 쫓아오던 이집트 병사들이 덮쳐온 바닷물에 모두 침몰해버려. 이 장면도 파라오 앞에서 아론의 지팡이가 변한 큰 뱀이 이집트 요술사들이 만든 뱀들을 다 삼켜버렸던 사건을 떠오르게 할 거야. 이스라엘 백성을 끝까지 괴롭히던 파라오의 마지막 몰락은 침몰이었던 거지. 탐욕으로 인해 앞뒤 가리지 않고 무조건 뛰어들어 가던 그들은 결국 형체마저 남기지 못하게 된 거야. 오랜 시간이 지나서 이렇게 갈대 바다 이야기를 다시 세심하게 들춰보니까 어릴 적 느낌과는 많이 다르네. 규모가 아니라 다른 것들이 보여.

◆

체험에도 규모가 있는 걸까?

갈대 바다 이야기가 이런 심오한 이야기였는지 그동안 왜 몰랐을까? 너무 규모가 크고 비현실적인 이야기라는 게 오히려 이해하는 데에 방해가 되었나 봐. 그래서 한번 이런 규모에 대한 사실성을 따져보는 것도 필요하겠어. 물론 성경의 이야기를 읽을 땐 사실이 아닌 메시지를 다루어야 하는 게 맞아. 하지만 이 사건은 워낙 사실성에 대한 논란이 많으니까 대략 학자들의 논의를 정리해보기로 하자.

우선 장소에 대한 혼란이 있을 거야. 홍해라고 알려진 이 사건의 장소가 탈출기에선 갈대 바다라고 나오잖아. 갈대 바다는 히브리말로 '얌 숩*yam sup*'이라고 해. 그런데 이 말을 그리스

어로 번역할 때 '홍해'로 표기하면서부터 두 말이 혼용되기 시작한 거래. 이 사건이 일어난 장소는 확실히 홍해는 아니라는 거야. 바다에선 갈대가 자랄 수 없잖아. 그래서 다들 갈대가 자라는 늪지대를 끼고 있는 호수였을 거라고 여겨. 이집트 북부 델타 지역이라고 불리는 곳에 이와 비슷한 호수들이 있었다고 해. 일정한 때에 센 바람이 불면 물이 한쪽으로 밀려나서 귀퉁이 땅이 드러나기도 하는 낮은 갈대 호수들이지. 그래서 갈대 바다 사건은 아마 이런 호수 중에 하나에서 일어났을 거로 추정하고 있어. 그래도 정확한 위치는 이스라엘 백성이 진을 친 에탐 지역 인근이었을 거라는 거 외에는 알 수가 없지. 사실 이 장소를 추정하는 데 가장 큰 문제는 탈출기 전승자들이 장소 문제에 큰 관심이 없었다는 데 있기도 해. 사건의 내용에만 관심이 있었을 뿐이거든.

그렇다면 내용상으로 정말 파라오의 군대가 이스라엘 백성을 쫓아왔다가 수장된 사건은 사실일까? 이집트의 역사 기록에선 이런 사건을 찾을 수가 없대. 당시 역사 기록이란 승리자의 기록이기에 패배의 기록을 남기지 않았을 거라는 의견도 있지만, 대체로 기록할 가치가 없는 노예들의 작은 탈출 사건이었기 때문이라고 추정하고 있어. 탈출기는 이스라엘 백성이 이집트 땅을 나올 때 장정만 60만이었다고 설명하지만, 이는 구원의 장엄함을 표현하기 위한 과장일 거야. 당시 나일강 하류에 체류 가능한 인구 분포를 따져봐도 불가능한 숫자라고 하네. 그래서 어떤 이들은 히브리어 숫자 표현 방식이 지금과 달랐을 거라는 가정 아래 600개 정도의 가족 단위로 보기도 해. 결국 정리하면 이 사건은 갈대 호수에서 일어난 소규모 노예들의 탈출 전쟁이었을 가능성이 크다는 거야. 이 사건이 시간이 흐르며 우주적 사건으로 전환되었다는 거지.

  이런 추정을 들으면 느낌이 어떠니? 실망하게 되니? 난 오히려 따뜻해져. 어릴 적엔 확실히 엄청난 규모에 매료됐던 게 사실이었지만, 지금은 가능한 작은 전투의 승리였다는 게 오히려 더 깊게 마음을 울리네. 이들이 했을 체험이 더 사실적으로 느껴지거든. 지금 여기 우리 가운데서도 여전히 일어나는 사건처럼 느껴지잖아, 우리 아이들도 체험할 것만 같아서 그런가 봐. 아무리 작은 전투였다고 해도 노예들로선 결코 작은 승리가 아니었겠지. 거대한 이집트 군사들을 상대로 거둔 전투였으니까. 불가능한 싸움이었을 텐데 승리가 가능했던 것은 하느님이 개입했기 때문이라고 여겼을 거야. 이 체험의 사실성이 무엇보다 중요한 거지. 사실 갈대 바다 이야기를 읽어내는 방식은 사실의 규모에 있는 게 아니라 체험의 규모 속에 있을 거야. 탈출기의 표현이 이렇게 광대한 이유도 역시 그들의 강렬한 체험 때문이었을 테니까. 이 갈대 바다의 체험은 지금도 여기서 일어나는 나와 너희, 그리고 우리 아이들의 이야기와도 비슷할 수 있어. 생각해봐. 우리 아이들이 겪어낸 싸움도 작지만 결코 작을 수 없는 싸움이었지 않나? 저마다의 싸움과 구원의 체험이 자신 안에서만은 어떤 우주적 싸움보다도 큰 일로 다가올 때가 많잖아.

◆

우린 언제 노래할 수 있을까?

갈대 바다의 사건은 이스라엘 백성에게 새로운 탄생의 체험이었을 거야. 깊은 체험은 사람을 새롭게 만드는 거니까. 그래서인지 갈대 바다 이야기 자체가 하나의 거대한 탄생 서사로 보여. 이스라엘 백성의 긴장감은 산통의 두려움 같기도 하고, 바닷물이 둘로 갈리고 마른 땅이 드러나는 장면은 마치 양수 속에서 태어나는 아기의 생명 같잖아. 아! 하느님이 세상을 만드실 때도 물을 갈라서 땅을 드러나게 하셨었지. 거기다 이집트 군사들이 침몰하는 장면은 괴로운 과거로 연결된 탯줄을 잘라 끊어내는 모습처럼 보이네. 하느님이 새로운 생명을 창조하고 계신 것 같지 않니? 아무것도 없었던 세상에서 진흙에 숨을 불어넣어 아담을 창조하신 하느님이시잖아. 이번엔 한 사람이 아닌 한 백성을 새롭게 탄생시키고 계셔. 진흙 대신 고통을 사용해서, 숨결 대신 구원의 체험을 불어넣어서 새로운 백성을 창조하시는 것으로 보여.

　어쩌면 이어 나오는 모세와 미리암의 노래 때문에 더 그런 느낌이 드나 봐. 이스라엘 백성을 고통 속에서 구원해주신 하느님을 찬양하는 노래들이 이어지고 있잖아. 마치 여러 창조 설화 속에 심심치 않게 등장하는 오누이의 노래 같지. 부럽다. 우리 아이들 모두 이런 노래를 맘껏 부르는 날이 왔으면 좋겠어. 사람은 고통의 체험만으로 새로 태어나지 못해. 구원의 체험이 함께 있어야만 새로 태어날 수 있는 거야. 그런데도 아직은 갈대 바다 마른 땅 어디쯤을 걷고 있을 우리 아이들한테, 성질 급한 나는 자꾸 노래부터 먼저 해보자고 안달을 부리는 거겠지. 합창단까지 만들어놓고 노래해보라고 보채고 있잖아. 아이들의 떨리는 손을 잡고 지금은 좀 더 걸어야 할 때인가 봐. 좀 더 기다려봐야지. 근데 우리 아이들이 이리 노래를 못 하는 이유가 아직은 갈대 바다 마른 땅을 다 건너지 못해서일까? 아니면 천성적으로 날 닮아서일까?

걸음 여섯

돌보시는

하느님

탈출 15,22 - 18,27

 갈대 바다를 건넌 이스라엘 백성은 이제 광야로 들어섭니다. 그들은 본래 하느님이 약속하신 젖과 꿀이 흐르는 가나안 땅을 꿈꾸었을 겁니다. 하지만 이집트 땅을 벗어난 그들이 처음으로 만난 세상은 황량한 광야였습니다.
 속이 복잡했을 듯싶습니다. 새로운 삶을 선택한 사람들이라면 누구든 비슷하겠지요. 꿈을 갖고 떠난다는 건 누구에게나 두려움의 갈대 바다를 건너야 하고 불안의 광야 또한 걸어야 하는 일입니다. 광야는 갈대 바다보다도 더 고된 시련일 수 있습니다. 광야는 생존의 불안을 지속적으로 마주하는 자리니까요. 생존을 위한 최소한의 것마저 허락되지 않는 일이 허다한 자리입니다. 마치 불안한 갈대 바다가 연속적으로 펼쳐져 있는 게 광야일 겁니다.
 왜 이런 광야의 여정이 필요한 걸까요? 지난 것들을 다 버리고 다 끊어버린다면 우린 누구나 아무것도 없는 광야의 여정에 들어설 수밖에 없습니다. 다 버리고 다시 새로운 것으로 채워야 하는 과정이지요. 이집트 생활의 모든 것을 버리고 다시 태어난 이스라엘 사람들이라면 그들은 아무것도 없는 광야에서 새로운 삶의 방식을 찾아야만 할 겁니다. 하느님은 그걸 가르치시려나 봅니다. 다행히도 이렇게 고된 여정은 그들만의 여정이 아닙니다. 하느님의 여정이기도 합니다.

하느님이 그들을 내버려두지 않으시겠지요. 하느님은 함께 걸어가시면서 그들을 돌보실 겁니다. 그리고 새로운 세상에서 새로운 사람으로 살아갈 수 있도록 새로운 인생을 하나하나 가르치시겠지요.

편지 18

광야 순례 1, 갈증과 불안
탈출 15,22-27

한 일주일 쉬었지. 갈대 바다 이야기와 광야 이야기 중간에선 꼭 읽기를 쉬어가는 게 좋아. 읽기란 호흡과 쉼표가 중요하거든. 지금까지 읽어온 것은 하느님이 탐욕의 세상에서 백성을 구해내시는 이야기였잖아. 이 이야기를 탈출기는 꽤나 격정적인 사건들로 채우고 있었어. 격정의 시간이 지나면 무엇이 기다릴까? 일상이지.

격정의 체험이란 일상을 살아갈 힘을 주기 위해 필요한 거잖아. 그런데 일상으로 돌아가지 못한 격정은 체험 중독에 빠질 수 있게 하거든. 격정의 체험만을 찾게 하는 거지. 성경을 읽는 방식도 그래. 기적과 같은 체험에만 매달리다가는 일상의 소소한 체험과 메시지들에 시큰둥해져. 그래서 격정적 체험에서 일상으로 넘어가려면 시간의 간격이 필요해. 그래서 갈대 바다를 건넌 이스라엘 백성에게도 광야 생활이 필요했을지 모르겠다. 가쁜 숨은 잊어버리고 차분한 호흡으로 이어서 읽어보자.

◆

먼저 해야 할 일은 뭘까?

갈대 바다를 건넌 이스라엘 백성은 시나이산으로 향한 광야 여정을 시작하고 있어. 더 이상 파라오가 없는 세상이지. 이스라엘 백성은 파라오가 없는 세상을 맞이했지만 그런 세상을 한 번도 살아보지 못했던 사람들이야. 이들을 보면서 하느님은 무슨 생각을 하셨을까? 그들 안에서 어떤 마음과 습관을 빼버리고 또 어떤 마음과 습관을 채워줘야 하셨을까? 무너진 세상을 살아온 사람들은 그 마음도 무너져 있는 법인데, 어디서부터 무엇을 먼저 시작해야 했을까?

이거 우리 집에 새 아이가 들어올 때 하는 우리 고민과 아주 비슷하다. 한번 돌아볼까? 처음 들어온 아이들은 다들 눈빛이 불안해. 힘겨운 세상을 벗어나서 불안한 세상에 들어섰다고 느끼는 거야. 왜 안 그렇겠어. 한밤중에 모르는 곳에, 외국인 손에 혼자 넘겨지는 상황이잖아. 그래서 우리는 제일 먼저 아이가 불안해하지 않게 만들어주어야 해. 일단 외국인인 우리가 조금도 무서운 사람이 아니란 걸 보여줘야지. 얼굴 마주칠 때마다 계속 웃어줘야 해. 그렇다고 섣불리 가까이 가서는 안 돼. 먹을 거와 입을 거를 주면서 아양도 떨면서 시간을 가져야지. 또 선생님들을 통해 폭력이 없는 곳이란 걸 새삼 강조해줘야 해. 그러다 보면 자기가 먼저 와서 안기는 순간이 있어. 그제야 불안하지 않은 거야. 하느님이 무엇을 제일 먼저 하셨을지 짐작이 가지 않니? 그렇게 세심하게 그들의 불안을 어루만지는 일을 하시지 않았을까?

갈증과 불안을 어떡할까?

이스라엘 백성은 갈대 바다를 벗어나 광야를 걸으면서 사흘간이나 물을 찾지 못했어. 광야였으니까 첫 시련은 갈증이었을 테지. 당연하게 겪게 될 시련이긴 한데 안타까워 보이네. 갈증은 시간 속에서 증폭되는 고통이잖아. 불안했을 거야. 사흘이란 시간은 서서히 커가는 불안의 시간처럼 보여. 되돌아갈 길도 없는데 이대로 살 수 있을까 하는 생존의 불안인 거지.

　그러다가 '마라'라는 지역에서 겨우 물을 찾았지만, 물이 써서 마실 수가 없었대. 여기서 쓰다는 말은 먹지 못하는 물이었다는 뜻이야. 갈증이 한계에 다다랐을 때 찾아낸 물이 먹지 못하는 물이었다면 불안은 불만으로 터져 나올 수밖에 없을 거야. 그리 보면 물이란 생명과 같은 건데, 이스라엘 백성에게 이 물은 생명이었던 적이 없네. 나일강의 물은 고통의 핏물이었고 파라오에게 쫓기며 만난 바다는 두려움의 물이었어. 그러다 새 세상이라고 나와서 만난 물이 쓴 물이래. 꼭 자신들의 인생을 보여주는 듯해. 그냥 마실 물 조금만 있으면 살 수 있다는데, 그 물 조금이 허락되지 않는 쓰디쓴 불안한 인생 같다.

　이런 상황에서 모세가 하느님이 가르쳐주신 나뭇가지를 물에 던지자 그 쓴 물이 단 물로 변했다네. 이거 너무 쉬운 거 아냐? 보통 이야기는 시련을 증폭시켰다가 우여곡절 속에 해결이 되어야만 극적인 구성이 될 텐데 이건 좀 허전할 정도로 쉽게 끝나네. 모세의 지팡이도 아니고 모세의 손도 아니고 나뭇가지 하나 던지면 되는 일이었다고? 하긴 불안을 잠재우는 방식은 이렇게 쉽고 간단해야 할 거야. 뻔질나게 의무실에 아프다고 오는 아이들에게 의무실 담당하는 지은이는 계속 비타

민만 주는데도 다 낫잖아. 불안한 아이들에게는 그렇게 뭔가 눈에 보이는 단순한 안정제가 필요한 거겠지. 비슷했을 거 같아. 물을 바꾸어 갈증을 해소해주는 것이야 하느님이 하셨겠지만, 나뭇가지를 던져서 된 일이라면 불안감이 더 쉽게 가라앉을 수 있었을 거야. 또 이런 경우가 있더라도 나뭇가지를 던지면 된다고 여길 테니까.

하느님은 세세하게 이스라엘 백성을 다루고 계셔. 다시는 쓰디쓴 인생을 걷지 않을 테니 불안해하지 말라며 다독거리시는 거 같지 않니? 이스라엘 백성은 거기서 조금만 더 가서 곧바로 샘이 열두 개나 있는 '엘림'이란 땅을 만나게 돼. 이걸 보면 하느님의 마음이 더 깊게 느껴지네. 조금만 더 참으라고 하지 않았던 거지. 마라의 쓴물은 인내를 가르치는 순간이 아니라 갈증과 불안을 함께 씻어주어야 했던 순간이었나 봐.

불안을 치유하려면?

하느님은 사람의 불안을 어떻게 다루어야 하는지 정말 잘 알고 계신 것 같아. 하느님이 단물을 만들어준 다음에 꼭 필요한 규정들을 세우고 그것을 잘 지키는지 이스라엘 백성을 시험하셨다고 하잖아. 사람들의 안정을 위해선 이런 작업이 꼭 필요하거든. 규정이 없다는 것은 틀이 없다는 것이라서 자유로운 게 아니라 불안한 거야. 더욱이 노예 생활에 익숙한 이들이었다면 시키는 것 말고 혼자 알아서 해본 것이 없겠지. 작은 규칙이라도 세워서 이것만 지키면 아무 문제가 없다는 것을 알려줘야 돼.

우리도 아이들 처음 들어오면 새 옷부터 챙겨서 기분 좋게 만든 다음에, 싸우거나 훔치지만 말고 즐겁게 지내라고 하잖아. 아주 작은 생활 규칙들을 알려주는 거지. 그래야 그 아이가 빠르게 안정될 수 있어. 하느님도 그렇게 이스라엘 백성을 다루고 계신 거 같지 않니?

이 과정을 거치고 나면 다음 과정으로 이제 아이들에게도 보호자가 있다는 걸 알려줘야 해. 혼자가 아니라고, 이제부터는 너한테도 너를 지켜줄 보호자가 있는 거란 사실을 받아들이게 해야지. 이건 조금 시간이 걸리는 과정이긴 해. 하느님도 이 과정을 시작하시는 거 같아. "이집트인들에게 내린 어떤 질병도 너희에게는 내리지 않을 것이다. 나는 너희를 낫게 하는 주님이다"라고 말씀하시네. 쉽게 내가 너희의 보호자라는 말을 하고 계신 거야. '낫게 하는 주님'이란 표현 때문에 조금 어색하니? 혹시나 쓴 물을 참지 못하고 마신 백성이라도 있어서 그들을 고쳐주신 건가라는 생각이 들 수도 있겠다. 그보다는 하느님이 이미지 쇄신을 하시는 거라고 보면 돼. 하느님은 이스라엘 백성에게 내가 너희의 보호자라고 알려줘야 하는데, 그러려면 이스라엘 백성이 지닌 선입관을 바꿔줘야만 했을 거야. 그동안 이스라엘 백성이 목격한 하느님은 이집트 땅에 재앙을 뿌리던 하느님이었으니까 사실 두려운 하느님이었겠지. 자신들도 잘못하다간 호되게 당할 수 있다고 느끼지 않았을까? 더욱이 재앙의 대부분이 질병과 연관되었다면 질병의 신이라고 믿었을지도 몰라. 그렇다면 이제 이스라엘 백성에게, 너희에게 재앙을 내리는 하느님이 아니라 너희를 치유하는 하느님이라는 걸 보여주고 가르쳐주어야만 할 거야.

그래도 이런 이미지 쇄신은 조금 시간이 걸려. 사람에 대한 인상도 하루아침에 바뀌기 힘든 건데, 하느님에 대한 충격적인 인상이 바뀌려면 좀 더 시간과 사건이 필요할 수밖에 없어. 그래서 광야 생활 내내 하느님은 이스라엘 백성의 웬만한 불평들을 꾹 참으면서 당신을 보호자로 받아들일 때까지 기다릴 거야. 보호자라는 말은 그래야만 얻을 수 있는 이름이거든. 우리 집 아이들에게 그 이름을 얻으려고 우리가 겪은 속 문드러지는 과정을 생각해봐. 그런데 왜 예전엔 이런 하느님의 섬세한 걸음을 읽어내지 못했던 걸까? 그때 알았다면 고생을

딜 했을 텐데. 왜 온갖 실수와 헛발질을 다 한 다음에야 비로소 하느님의 섬세한 걸음이 보이는 걸까?

◆

두 개의 광야가 다른 얘기일까?

오해가 있을지 몰라서 하나 정리해놓을게. 탈출기에 나오는 갈대 바다에서 시나이산까지 세 달간의 짧은 여정을 첫 번째 광야 생활이라고 하고, 민수기에 나오는 시나이산에서부터 가나안 땅까지 사십 년의 긴 여정을 두 번째 광야 생활이라고 해. 이 두 광야 생활은 서로 비슷한 사건들로 구성되어 있으면서도 미묘한 차이를 갖고 있어.

첫 번째 광야 생활에서는 이스라엘 백성에 대한 하느님의 돌봄이 강조되는 데 반해, 두 번째 광야 생활에서는 이스라엘 백성의 정화라는 측면이 강조돼. 쉽게 얘기해서 첫 번째 광야 생활에선 하느님이 불평을 군말 없이 그냥 무조건 들어주시는데, 두 번째 광야 생활에선 똑같이 불평하는 이스라엘 백성을 혼내시는 장면들이 많아. 이런 차이는 하느님의 교육 방식에 따른 거야. 교육 방식이란 나이와 상황에 맞아야 하는 거잖아. 첫 번째 광야 생활에서 하느님이 이토록 부

드러운 이유는 이스라엘 백성이 첫걸음을 내딛는 아이와 같았기 때문이야. 긴 노예 생활을 끝내고 갈대 바다를 건너서 처음으로 자유와 책임이란 세상으로 나온 거잖아. 그래서 하느님은 먼저 그들을 돌보고 나서 세심하게 가르치는 방식을 선택하셔. 그런 하느님의 마음을 염두에 두고 광야 생활을 읽어볼래?

편지 19

광야 순례 2, 양식과 불안

탈출 16,1-36

광야 생활의 두 번째 불안은 양식에 대한 걱정이야. 사실 양식에 대한 불안은 비단 광야를 걷고 있는 이스라엘 백성만의 문제는 아니지. 우리 모두가 그런 불안 속에 살고 있잖아. 너희도 선교사로 살아보고자 할 때 양식에 대한 불안이 있지 않았니? 이렇게 살게 되면 굶지는 않는 건지, 경쟁에서 도태되는 건 아닌지, 아프면 어떡할 건지, 노후는 또 어떡할 건지 걱정할 것이 많았잖아. 이런 걸 모두 양식에 대한 걱정이라고 해. 그래도 올바른 길을 걸을 땐 하느님이 양식을 마련하실 거라고 그냥 믿고 떠나는 수밖에 없어. 이게 너희가 멋있는 이유일걸? 그런데도 가끔 조금씩 흔들리지 않니? 당연한 거야. 물론 이미 그런 확고한 체험이 있는 사람들이야 흔들림이 없겠지. 하지만 우린 여전히 체험을 마친 사람들이 아니라 체험의 한복판에 있는 사람들이잖아.

그래서 하느님이 어떻게 이스라엘 백성에게 양식에 대한 불안을 넘어서는 체험을 만들어주시는지 잘 읽어볼 필요가 있어. 그들의 체험을 우리 것으로 느끼면서 읽어보자는 거야. 그리고 우리는 그 체험의 어디쯤에서 어떤 마음으로 서 있는 건지 가늠해본다면 우리 삶에 도움이 되지 않을까?

불평하는 단계일까?

이스라엘 백성이 이집트 땅을 떠난 지 두 달 반이 지났어. 가져온 양식이 떨어질 때가 됐지. 이스라엘 백성은 어디를 다녀본 사람들이 아니잖아. 그리고 넉넉했던 사람들도 아니었고. 거기다 가나안 땅으로 향한 지름길을 놔두고 이렇게 먼 광야 길로 들어섰으니 처음부터 여정을 위한 양식의 양을 가늠하기도 힘들었을 거야. 양식이 떨어져 가는 이스라엘 백성은 어김없이 불평을 쏟아내고 있어. "아, 우리가 고기 냄비 곁에 앉아 빵을 배불리 먹던 그때, 이집트 땅에서 주님의 손에 죽었더라면! 그런데 당신들은 이 무리를 모조리 굶겨 죽이려고, 우리를 이 광야로 끌고 왔소?" 역시나 불평의 방식이 재밌지? 우리 아이 중에도 케이크 먹고 싶으면 밖에 있을 땐 매일 케이크 먹었다는 식으로 이야기하는 애가 있잖아. 과거에 대한 과장인 거지. 이스라엘 백성도 그렇게 과거를 과장하고 있는 걸까?

한 사람이 자신의 기억을 과장하는 것은 가능하겠지만 지금은 이스라엘 공동체 전체가 나서서 다들 몇 달 전에 고기와 빵을 실컷 먹었다고 이야기한다는 게 조금 의아하지 않니? 과거에 대한 과장이라기보다는 아마 마지막 재앙의 밤에 있었던 파스카 만찬에 대한 각색일 거야. '고기 냄비'라는 표현은 약간의 각색이 들어간 거 같고 "그냥 거기서 죽었더라면"이란 표현을 보면 맞을 거야. 우리 아이들의 언어 사용 방식에 비하면 이 정도 각색이야 귀엽지. 연필을 훔쳐놓고 아니라고 발뺌하다가 결국 밝혀지면 자기는 훔치긴 했어도 거짓말은 안 했다고 해. 처음부터 필통을 훔쳤느냐고 물어보지 않은 내 잘못이라고 하잖아. 구운 통고기를 '고기 냄비' 정도로 바꾸는 각색이야 받아줘야지.

다만 아무리 구석에 몰려도 하지 말아야 할 말이 있는 건데 그 선을 넘었다는 게 문제야. 마지막 재앙의 밤에 하느님이 어떤 대가를 치르고 이스라엘 백성을 구해냈는데, 차라리 거기서 죽게 내버려두지 왜 데려왔느냐고 따지는 거잖아. 누가 너보고 나를 구하라고 했냐는 거지. 거의 자식이 부모에게 자기를 왜 낳았느냐고 따지는 분위기야. 모세와 아론은 자신들을 향한 이 불평이 선을 넘었다는 것을 알았어. 그래서 '우리한테 하는 불평은 하느님께 불평하는 거라고' 분명하게 주의를 주지.

물론 하느님은 이미 이 상황을 알았지만 개의치를 않으셔. 딱 한마디라도 혼을 낸 다음에 문제를 해결해줘도 될 텐데 하느님은 이스라엘 백성의 모든 불평을 그냥 받아주셔. 거칠게 불평하는 습관부터 바꿔줘야 하는 거 아닌가? 물론 그들도 처음부터 그런 습성을 가졌던 건 아니었을 거야. 한때는 하소연했겠지. 긴 노예 생활 동안 누구도 그들의 하소연을 들어주지 않으니 점점 더 거친 불평을 하게 되었을 거야. 그래서 권력을 지닌 사람들의 불평은 추레한 정도지만, 없는 이들의 불평은 슬픈 거잖아. 그런 처지를 헤아리셔서 그런 건가? 그들의 불평이 날을 세우고 있어도 하느님은 마음 상하지 않고 '이제 내가 듣고 있어'라고 말씀하시는 거 같아. 정말 하느님은 이스라엘 백성의 불평을 아이 다루듯 꼭 끌어안아 주시네.

우연으로 여기는 단계일까?

양식에 대한 불안을 해소하는 길은 하나밖에 없어. 양식을 마련해주는 거지. 하느님은 굶주림을 호소하는 이스라엘 백성에게 저녁에는 메추라기 떼를 보내시고 아침엔 '만나'라는 양식으로 배부르게 하셔. '만나'라는 양식은 생소할 수 있겠다. '만나'는 히브리말인데 '이게 무엇일까'라는 뜻이래. '처음 본 것'이라는 말이겠지. 확실하진 않지만 광야에서 서식하는 진딧물과 같은 벌레가 내는 분비물의 일종이었을 걸로 추정하기도 해. 지금도 이런 분비물 중에 단맛을 내면서 햇빛에 사그라지는 게 있다고 하니까. 한때 '만나'가 자연 속에 있는 어떤 것이냐 아니냐는 논쟁이 있었어. 하지만 굳이 이걸 가지고 논쟁을 하는 건 무의미할 거야.

하느님이 사람을 돌보시는 방식은 세상에 없는 것을 주시는 게 아니라 세상의 것을 '필요할 때' 주시는 거야. 그래서 '우연'이란 말과 '기적'이란 말은 참 묘하게 뒤섞일 수가 있어. 하느님을 믿는 사람에겐 세상이란 '우연 같은 기적'들이고 하느님을 믿지 않는 사람들에겐 '기적 같은 우연'이 되겠지. 그래서 모세는 백성이 이 사건을 우연으로 생각지 않도록 미리 그들에게 하느님이 어떻게 양식을 줄 것이고, 그 양식을 어떻게 다룰 것인지 분명하게 밝혀놓은 상태였어. 모세가 그렇게 이야기했다고 해도 이 사건을 겪는 이스라엘 백성 안에는 여전히 이 두 가지 시선이 섞여 있었을 거야. 의외로 백성의 감사나 감탄 같은 것이 본문 어디에서도 들리지 않잖아. 그리고 모세가 하는 의외의 행동들을 봐도 그런 짐작을 하게 돼. 모세는 하느님의 지시대로 후대 자손들에게 설명하기 위해 '만나'를 항아리 하나에 담아서 보관하는 절차를 밟고 있어. 우연이 아니라 하느님이 백성을 보살펴준 기적이란 걸 확실히 하려는 거지.

양식을 성찰하는 단계일까?

하느님은 이스라엘 백성에게 양식을 마련해주면서 두 가지 규칙을 제시하셔. 첫째는 저마다 그날 먹을 것만 거두래. 저장하지 말라는 거지. 저마다 그날 먹을 것만 똑같이 가져가니까 양이 딱 맞았다고 나오네. 둘째는 안식일엔 먹을 것을 구하러 나가지 말고 전날에 준비해놓으라는 거야. 이상하게 하루를 못 넘기고 상하는 '만나'가 안식일만은 멀쩡했다고 나와. 안식일 규정이야 이스라엘 전통에 대한 설명이러니 하는데 첫 번째 규칙에 대해선 좀 더 살펴볼 필요가 있겠다.

왜일까? 양식에 대한 욕심이 탐욕으로 바뀌는 것을 경계하라는 말씀처럼 보여. 양이 딱 맞았다는 것은 누가 더 먹으면 다른 누가 덜 먹게 되는 거잖아. 음식 조절에 대한 싸움은 우리 집도 치열한 과정을 겪어왔어. 처음에 각자 알아서 가져다 먹으라니까 뒷사람이 먹을 게 없고, 선생님이나 큰 아이들 보고 공평하게 나눠주라 했더니 음식으로 권력 행사를 해서 말을 잘 듣거나 가까운 아이들에게 편파적이더라고. 지금은 모두 반씩 먼저 가져가서 먹고, 더 먹을 사람은 더 가져가는 방식으로 정착했지. 음식을 나누는 일은 다만 양의 문제가 아니라, 함께 사는 사람에 대한 배려와 연결되어 있다는 것을 알게 되더라. 충분한 음식이 있어도 욕심 많은 공동체는 항상 양이 모자라. 그런데 신비하게도 좋은 공동체는 음식이 모자랄수록 음식이 남게 돼 있어. 다른 사람이 모자랄까 봐 자신의 것을 조금씩 줄이거든.

하느님은 이스라엘 백성에게 양식을 마련해주시면서 당신이 생각한 세상을 가르치고 싶으셨나 봐. 메추라기 떼와 만나가 하늘에서 온 기적이라면, 당연하게 우박과 메뚜기 떼 재앙이 떠오르지 않니? 탐욕으로 빼앗고 산 자들의 양식 기반을 무너뜨리는 재앙이었잖아. 하느님은 그런 세상이 아니라 다른 세상을 꾸리려고 하시나 봐. 모두가 필요한 만큼의 양식을 먹고 타인을 배려하면서 사는 세상 말이야. 그러니 우리가 걱정해야 할 것은 아마 양식이 있고 없고가 아닐 거야. 그것은 하느님이 준비해주신다고 하니까, 우리에겐 주어진 양식을 어떻게 다루고 있는지에 대한 성찰이 필요한 거겠지. 이제 이스라엘 백성도 양식을 걱정하는 단계가 아니라 양식을 성찰하는 단계에 들어서게 될 거야.

편지 20

광야 순례 3, 신뢰와 전환
탈출 17,1-16

노예의 삶의 방식은, 삶의 모든 난제를 스스로 풀어낼 생각을 하지 않고 주인에 대한 불평으로만 해결하려는 거야. 난관이 있을 때마다 불평으로만 해결하려는 이스라엘 백성의 노예 의식이 이제쯤 답답하다고 느껴지지 않니? 하느님도 언제까지나 그런 유아적 사고방식을 용납하실 거 같지는 않아서 조마조마하다. 이스라엘 백성도 이제 살아오던 방식을 바꿀 수 있는 어떤 계기가 필요하지 않을까? 물론 갈대 바다를 건너는 사건이 그들에게 얼마나 큰 삶의 전환이었는지는 말할 필요가 없겠지. 하지만 삶의 전환이 있었다고 해서 삶의 방식까지 바뀌는 것은 아닌가 봐.

경험과 체험은 다른 거란 생각이 드네. 경험은 본인이 객관적으로 겪은 일이지만 자신을 크게 변화시키는 원동력은 아닌 거지. 반면에 체험은 겪은 일을 주도적으로 받아들여서 자신의 변화를 이끌어내는 사건인 거야. 그래서 경험은 누구나 할 수 있는데 체험은 아무나 하지 못해. 내가 너희에게 책 읽기는 경험이 아니라 체험이어야 한다고 잔소리를 종종 하잖아. 몇 권을 읽었느냐가 중요한 게 아니라 읽고 나서 삶에 어떤 변화가 일어났는지가 중요하다는 얘기였어. 성장은 경험이 아니라 체험으로 이루어지는 거야. 이스라엘 백성에게도 이제 체험이 필요한 순간이 왔어.

바뀔 수 있을까?

다시 광야 여정을 이어가던 이스라엘 백성은 '르피딤'이라는 한 자리에서 중요한 두 가지 사건을 겪게 돼. 첫 번째 사건은 다시 갈증 문제에서 시작해. 물을 찾지 못한 거야. 으레 그랬듯 백성의 불평이 시작됐겠지. 하지만 이번엔 아주 강도가 세. 광야 행렬이라면 반드시 오아시스를 따라 동선을 정해야 하는 거잖아. 지도부의 커다란 실수라고 봐야지. 광야 생활의 고단함으로 쌓인 불안과 분노를 확실하게 폭발시킬 명분을 잡아서일까? 백성의 불만은 거의 난동에 가까워졌어. "백성이 저에게 돌을 던질 것 같습니다"라는 식으로 모세가 하느님께 이야기하는 것을 봐도 느껴지잖아.

하느님은 이런 상황에도 대수롭지 않게 모세를 시켜 지팡이로 바위를 치게 해서 물을 솟게 해. 여기까지는 앞선 내용들과 비슷한 반복처럼 보여. 차이가 있다면 더 거칠어진 불평과 나일강을 쳐서 핏물로 만들던 지팡이로 바위를 치고 있다는 정도겠지. 이 이야기의 깊이를 만드는 건 아마 "그들이 '주님께서 우리 가운데에 계시는가, 계시지 않는가?' 하면서 주님을 시험하였다 해서 그곳의 이름을 마싸와 므리바라 하였다"라는 구절일 거야. 하느님이 사람을 시험하시는 게 아니라 사람이 하느님을 시험한다는 게 재미있네. 지금까지 하느님만 이스라엘 백성이 규정을 잘 지키는지 시험하신 것이 아니었어. 이스라엘 백성도 하느님이 따라도 되는 분인지 시험하고 있었다는 말인 거야. 쉽게 우리 집 아이들도 우리를 주의 깊게 살펴보잖아. 따라도 되는 사람들인지 믿어도 되는 사람들인지 나름 시험을 하고 난 다음에야 우리를 따라. 이래서 하느님은 그동안 이스라엘 백성의 모든 불평을 다 받아주면서 마음을 얻으려고 하셨나 봐. 하느님이 자신들과 함께 있는지를 계속

해서 시험했던 이스라엘 백성은 이제 하느님이 자신들과 동행하고 있다는 사실을 드디어 받아들이게 된 거야.

그런데 왜 지금에 와서야 이들은 보살피는 하느님을 체험하는 걸까? 이미 앞서 비슷한 사건들이 있었잖아. 그때는 안 되고 왜 지금은 되는 걸까? 이 기적은 무엇이 달랐던 걸까? 마라의 쓴 물이 단 물로 변했던 것은 나뭇가지의 효험으로 비쳐졌을 수 있겠고, 신 광야에서 만난 메추라기 떼와 만나는 우연한 자연현상이라고 여겨졌을 수 있을 거야. 하지만 바위를 쳐서 물을 내는 이 기적은 확실히 다르게 보여. 갈라진 갈대 바다를 떠오르게 하잖아. 갈대 바다를 열었던 모세의 그 지팡이가 다시 등장해서 이번엔 바위에서 물을 쏟게 하고 있어. 아무것도 없는 자리에서 아무것도 이용하지 않고 길을 여는 일은 오직 하느님의 일이란 사실을 깨닫게 되지 않았을까? 삶의 고단함에 떠오르지 않았던 갈대 바다의 체험을 이제야 다시 상기할 수 있었던 건 아닐까? 그래서 이제야 자신들을 위해선 무엇이든 해줄 수 있는 하느님을 알아보는 거 아닐까? 뒤에 아말렉족과의 전투에서 모세의 지팡이에 온전히 의지하려는 이스라엘 백성의 모습을 보면 그런 생각이 들게 돼. 모세의 지팡이를 보면서 이들은 갈대 바다의 체험을 떠올렸고 하느님이 함께 계신다는 확신을 비로소 갖게 되었다는 거지.

이야기의 전체 흐름에서 벗어날 수도 있지만 우리 입장에선 눈여겨봐야 할 게 또 하나 있어. 이스라엘 백성의 거센 불평이야. 소극적인 불평에서 적극적인 행동으로 불평이 옮겨지고 있었잖아. 불평도 사실 에너지거든. 노예 생활을 하던 이스라엘 백성이 이런 적극적 불평을 내는 것은 나쁘지 않아. 적극적인 불평은 위기가 될 수도 있지만, 기회가 될 수도 있는 거야. 해결만 할 수 있다면 이 커다란 불평의 에너지는 그만큼 체험으로 전환될 가능성이 크기 때문이지. 이리 보면 하느님이 일부러 이스라엘 백성을 이 르피딤 땅으로 데려오셨을 거란 생각도 드네. 불평의 정점에서 모든 것을 잠재우기로 계획하신 듯해. 이건 우리가 반성 좀 해야겠는데? 우리는 불평의 내용이 지닌 정당성을 문제 삼아서 아이들의 표현 의지를 꺾어놓는 일이 많았잖아. 물론 불평이 합당해야겠지. 이스라엘 백성도 합당한 불평을 하는 거였으니까. 하지만 아이들이 좀 합당하지 않은 불평을 하더라도 조심해서 다뤄야겠어. 혹시나 불평 속에 함께 담긴 자기 소리를 내고자 하는 의지마저 꺾어버릴 수 있잖아. 비아냥거리거나 숨겨놓는 것보단 차라리 과격해도 표현하는 게 낫지 않니? 그래야 아이들도 전환의 기회를 만나지 않을까?

자신을 지킬 수 있을까?

르피딤 땅에서 벌어진 두 번째 사건은 이스라엘 백성의 첫 전투야. 이게 참 신기하다. 체험이 견고해지려면 반드시 체험으로 이루어진 자기 삶의 변화가 성취감으로 이어져야 하거든. 그렇지 않으면 체험이 단순한 경험으로 남을 수 있어. 이 전투는 하느님이 이스라엘 백성에게 이 성취감을 만들어주는 자리였을 거야. 그렇게 보여. 하느님이 이스라엘 백성을 다루는 방식이 참 섬세하면서도 신기하네. 아말렉족과의 전투였어. 아말렉족은 시나이 광야 부근에 거주한 부족이니 시나이산으로 이동 중인 이스라엘 백성과 충분히 충돌할 수 있었겠지. 다만 아무런 통보 없이 들이닥쳤다는 것은 이스라엘 백성을 충분히 제압할 수 있다고 판단했기 때문일 거야. 이스라엘 백성은 물과 양식뿐 아니라 외부의 위협이라는 또 다른 생존 문제에 직면하게 된 거지.

이 전투는 갈대 바다 전투를 닮았어. 다시 노예가 되느냐 마느냐의 싸움이거든. 다만 이 긴장된 싸움에서는 하느님이 갈대 바다에서처럼 나서시지 않아. 사람들은 언덕 위에 지팡이를 든 모세의 손에 의지해서 싸움을 전개하고 있어. 손이 떨어지면 전세가 불리해지니까 아예 지팡이를 든 모세의 양손을 사람들이 받쳐 들고 있었다고 나와. 일대 공방전이었다는 거지. 이 상황에서 사람들은 지팡이를 든 모세의 손을 보며 하느님이 함께하고 있다는 걸 믿고 있었던 거야. 마치 아이가 부모를 계속 돌아보면서 안심하는 거 같아. 갈대 바다 전투와 비슷한 상황인데 달라도 너무 다르네. 싸워서 죽느니 돌아가겠다고 했던 백성이었잖아. 그런데 이제 하느님이 자신들과 함께 있다는 것을 믿고 직접 싸워서 자신을 지켜내고 있어. 이들은 이제 노예의 삶이나 피해자의 삶에서 비로소 벗어난 거야. 그들의 삶은 이제 변할 거야. 체험과 변화의 성취를 다 갖게 되었으니까 당연히 그래야지.

너희도 이런 체험과 성취를 이루고 있는 거니? 아이들과 함께 지낸다고 체험이 저절로 이루어지지 않아. 잘못하면 다만 경험만을 쌓게 돼. 이런 경험은 조금 색다른 관광일 뿐이야. 우리가 누군가의 상처와 가난을 관광하며 살아서는 안 되잖아. 아이들 속에서 하느님을 체험하려고 항상 노력하자고. 그러면 체험은 어떻게 하는 거냐고? 체험은 먼저 사건 속에 온전히 들어서야만 얻어지겠지. 그리고 체험은 주관적인 거라서 경험들을 올바로 또 깊게 성찰하는 과정에서만 얻게 될 거야. 어떤 강렬한 사건들은 경험과 체험을 동시에 일으키기도 하지만 보통 체험은 성찰을 통해 자신의 변화로 이어지게 될 거야. 자신이 체험을 하고 있는지 확인하는 것은 의외로 단순해. 자신이 얼마나 변했는지를 보면 되는 거야. 아이들로 인해 자기의 생각과 삶의 방식이 어떻게 또 얼마나 바뀌었는지 따져보면 바로 알 수 있어.

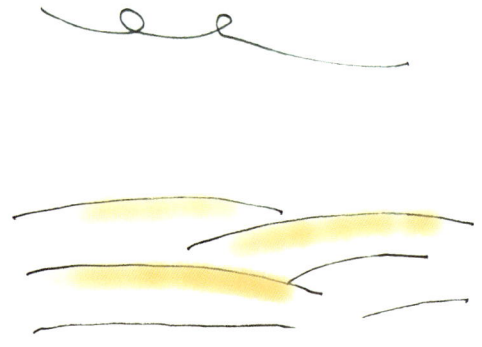

광야에는 길이 없는 게 아니라
수많은 길이 있어.
거기서 우린 하느님의 길을
선택하는 방식을 배워가고 있는 거야.

편지 21

광야 순례 4, 성장과 소통

탈출 18,1-27

이제는 체험과 성취감을 얻은 백성이 어떻게 성장해 나가는지 봐야겠지. 개인이든 공동체든 성장의 첫 단계는 의외로 단순해. 좋은 친구 사귀고 서로 화해할 줄 아는 거야. 우선 성장을 위해선 좋은 친구가 반드시 필요해. 사람은 사람 속에서만 성장할 수 있어서 그래. 우리 집 아이들을 보면 꼭 끼리끼리 어울려 다녀. 사고 치는 녀석들은 꼭 그런 녀석과 친구가 되고 성실한 녀석들은 꼭 성실한 녀석들과 친구가 돼. 서로 모르는 사이인데도 들어와서 하루만 지나면 무슨 전파탐지기라도 있는 건지 그렇게 어울려. 문제 있는 녀석들에게 성실한 친구를 붙여놓으면 따분해서 싫다고 같이 안 다니지. 좋은 친구를 사귀려면 좋은 친구를 받아들일 수 있어야만 할 거야. 공부 잘하거나 잘생긴 친구가 아니야. 적어도 따뜻한 마음을 지닌 친구를 사귈 수 있다면 좋겠지.

   친구가 생기고 나면 이제 갈등 조절이라는 걸 배워야 해. 사람들 관계에는 어디든 갈등이 계속 있을 수밖에 없어. 자기 욕심만 차리고 모든 걸 자기 뜻대로만 하려다가는 누구와도 친구가 될 수 없는 거잖아. 그 안에서 하느님의 뜻을 헤아리면서 선택하고 조절하는 방법을 배워야겠지. 결국 성장한다는 것은 하느님 안에서 사람들과 소통할 줄 아는 사람이 된다는 거야. 별거 아닌 거 같지? 이 성장의 첫 단계가 제대로 형성이 안 되면 나머지 단계는 아무리 쌓아도 모래성처럼 무너지게 되더라. 공동체의 성장도 별반 다르지 않을 거야.

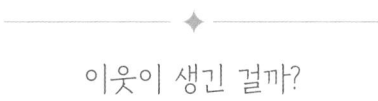

이웃이 생긴 걸까?

이스라엘 백성은 갈대 바다를 건넌 후에 처음으로 손님을 맞아들이고 있어. 가족이며 친구인 모세의 장인 이트로야. 아마도 이스라엘 백성이 근처를 지나간다는 소식을 듣고 찾아왔을 거야. 모세의 가족까지 대동하고 왔어. 모세의 가족이 언제 친정으로 돌아갔었는지는 명확한 언급이 없지만 아마도 파라오와 날 선 대립이 진행되던 때였겠지. 여하튼 모세의 가족만 보내도 됐을 텐데 이트로가 직접 찾아온 것은 이스라엘 백성에게 무슨 일이 있었는지 소문으로 들었던 이야기를 직접 듣기 위해서였다고 해.

그렇게 만난 모세와 이트로는 하느님이 이집트 땅에서 이스라엘 백성을 구해낸 이야기를 기뻐하면서 나누고 있어. 마치 세상의 약자들이 세상의 힘을 무너뜨린 하느님에 대한 이야기를 두근대며 수군거리는 거 같지 않니? 시간이 지나면 골짜기 골짜기에 사는 다른 힘없는 사람들의 귀에까지 도달할 거 같아. 이 둘은 어두운 세상에서 희망을 품고, 그 희망에 관해 이야기하는 거야. 이트로가 데려온 모세의 두 번째 아들의 이름이 엘리에제르라네. "내 아버지의 하느님께서 나에게 도움이 되시어 나를 파라오의 칼에서 구해주셨다"라는 뜻이래. 이름을 보아 이 아이는 신생아였을 거야. 이집트 탈출이 불과 몇 달 전이었으니까. 남아 살해의 혹독함으로 탈출기의 첫 이야기가 시작되었다는 사실을 떠올려봐. 이 새 생명은 그 이름처럼 이스라엘 백성의 새로운 현실을 보여주고 있는 거지.

확실히 이 만남은 희망과 기쁨으로 가득 차 있어. 결국엔 이스라엘 백성을 구해낸 하느님이 모든 신들보다 위대하시다는 사실을 알게 됐다는 이트로의 고백으로까지 이어지게 돼. 이트로는 함께 겪지 않은 이야기를 오직 들어서 체험하고 있는 거야. 희한하지? 직접 경험하지 않고 이야기를 듣는 것만으로도 체험이 가능할까? 이트로는 그동안 이집트 땅에서 들려오는 소식을 자신이 겪는 일처럼 따라가고 있었나 봐. 그는 확실하게 이스라엘 백성의 체험을 공유하면서 이 사건들을 자신의 체험으로 받아들이고 있어. 그 사실은 이트로의 변화를 보면 알 수 있지. 이야기를 마친 이트로가 하느님께 번제물과 희생 제물을 바치고 있잖아. 광야로 나온 다음에 첫 예배가 이방인에 의해서 거행되네.

  아론과 모든 원로들도 그와 함께 음식을 나눴다고 해. 아무리 모세의 친지라고 하지만 그래도 이방인인데 모두 어떤 경계도 없네. 체험을 함께 공유하는 이웃을 가족으로 받아들이는 광경 같아. 제사를 드리는 이트로는 이제 모세의 친지가 아니라 이스라엘 백성의 이웃으로 보이잖아. 당시의 관습에 따르면 노예에겐 친구가 없는 거야. 사람이 아니라 소유물로 여겼으니까. 이스라엘 백성도 이웃이 생겼고 이웃을 받아들이는 사람들이 된 거지. 뿌듯한 장면이지 않니? 우리 아이들 학교 보내서 바깥 친구들과 어깨동무하고 있는 거 보는 기분이네. 너희도 이런 친구가 있을 때 설레지 않니? 너희도 우리의 체험을 나눌 수 있는 사람을 만나면 말이 엄청 많아지잖아. 체험을 공유하는 사람이 이웃이 되고 가족이 될 거야.

왜 갈등이 많을까?

이트로가 이스라엘 백성 사이에서 체류하는 동안에 송사에 대해 조언을 하게 돼. 모세가 송사를 처리하는 일로 지쳐가고 있다고 보았나 봐. 모세가 이스라엘 백성의 송사를 처리하느라 정신없었던 것으로 나오잖아. 일단 이런 쏟아지는 송사에는 나름 긍정적인 면이 있어. 우선 모세가 그들의 지도자로 확실하게 인정받고 있었다는 거야. 예전에 히브리인들의 싸움에 개입했다가 모세가 얻게 된 상처를 기억해봐. 여기까지 왔다는 것은 대단한 변화야. 또 다른 긍정적인 면은 그만큼 이스라엘 백성의 공동체가 안정을 찾았다는 반증일 거야. 강압적 사회에 사는 사람들 사이에는 오히려 송사가 적거든. 억울해도 참아야 하고 말해봐야 바뀌는 게 없었을 테니까 그럴 수밖에 없지. 억압이 없어지면 당연하게 서로들 자신의 욕망을 내세우게 되고 서로 간의 마찰을 피할 수 없게 돼. 이걸 혼돈이라고 여길 필요는 없어.

다만 확실한 법규나 보호자가 요청되는 단계지. 그렇지 않으면 그냥 그 안에서 힘센 놈이 최고가 될 테니까. 아직은 이스라엘 백성 안에 확실한 법규가 없는 상태이니까 다들 보호자에게 의지하는 단계라고 봐야지. 그러니까 모세가 정신없이 바쁠 수밖에 없었을 거야. 하느님이 보호자이긴 하지만 그분의 뜻을 알려주는 일은 모세의 역할이었으니까. 우리 아이들을 봐. 밖에선 찍소리도 안 내던 녀석들이 우리 집에선 조금만 억울해도 참지를 않잖아. 같이 들어온 자매들을 보면 더 웃겨. 처음 들어왔을 때는 서로 꼭 붙어 다니면서 서로에게 의지하더니만, 자신들을 보호하는 사람이 생기면 자기들끼리 엄청나게 다투잖아. 동생 걱정 안 해도 된다는 거지. 억압이 없고 보호자가 있으면 원래 송사가 더 많아져.

이를 좀 더 능률적으로 다루기 위해 모세는 이트로의 충고대로 송사 해결 시스템을 십인대장, 오십인대장, 백인대장, 천인대장으로 바꾸게 돼. 그리고 하느님을 경외하고 청렴하고 유능한 사람들로 담당자들을 꾸리고 있어. 송사의 핵심은 하느님의 뜻을 헤아리는 일이었을 테니까 당연한 거지. 그런데 이런 사람들이 이스라엘 백성 안에 많았던 거야? 뽑았다니까 있었던 거겠지. 우리 아이들에게도 이런 시스템을 한번 도입해보면 어떨까? 물론 지금도 아이들에게 문제가 있으면 각 집 선생님이나 보모들, 또 너희와 상의하지. 그래도 풀리지 않는 문제는 원장님이나 심리 선생님에게 가고, 그래도 안 되면 나한테 오라고 하잖아. 무조건 나한테 찾아오는 녀석들 때문에 잘 안 되고는 있지만, 시스템은 그렇지.

그런데 우리 큰 아이들 중에 십인대장을 세워보면 어떨까? 꼬맹이들이 먼저 십인대장 큰 아이를 찾아가게 하는 거지. 찾아가는 아이보다도 십인대장 맡은 아이가 많이 성장하겠는데. 아! 이스라엘 백성도 그러했겠네. 송사의 역할을 맡은 사람들이 많이 성장하는 시스템이었겠어. 그들은 그만큼 하느님의 뜻을 헤아리는 시간을 보냈을 거잖아. 여하튼 지금까지 이스라엘 백성의 성장 과정으로 다룬 것을 현대 용어로 하면 안보, 외교, 사법 시스템을 구축했다고 해. 이제 이스라엘 백성이 한 민족으로 살아갈 구색을 갖춘 거야.

걸음 일곱

새로운 세상을
꿈꾸시는

하느님

탈출 19,1 – 23,19

다른 이의 아픔을 사랑하는 일에도 단계와 과정이 있습니다. 누군가의 아픔을 그저 함께 아파하는 시간이 있고 그래서 그 사람을 혼자 내버려두지 못하는 시간이 있습니다. 마음이 아린 과정입니다. 그 시간에서 한 걸음 나아가면 그 사람의 편이 되어서 세상과 부딪히는 시간을 맞이하게 됩니다. 욕을 먹어도 그 사람을 지켜야 하는 고된 과정입니다. 그러다 보면, 간혹 아픔을 벗어나려고 걸음을 떼는 그 사람을 부축할 수 있는 시간이 주어집니다. 한 번에 걷지를 못하기 때문에 쉽게 지치지 않아야 하고 손을 놓지 말아야 하는 시간입니다. 인내의 과정입니다. 그 시간을 지켜낸다면 다 사라지지 않는 아픔에도 불구하고 혼자서 걸어가는 그 사람의 모습을 보게 될 것입니다. 그때는 축복의 시간입니다.

    그럼 이제 끝난 걸까요? 이제 사랑의 손길을 끝내도 될까요? 하나가 더 남았습니다. 함께 꿈꾸는 일입니다. 서로 마주 보고 사랑하는 일이 아니라 세상의 아픔을 함께 바라보는 일입니다. 꿈꾸는 과정이지요. 탈출기는 아픔을 사랑하는 과정을 교과서처럼 보여주고 있습니다. 하느님의 사랑은 이스라엘 백성의 아픔으로 시작되었습니다. 모든 과정을 겪고 이제 이스라엘 백성은 하느님과 만나기로 했던 시나이산에 도달했습니다. 혼자서 걸을 수 있게 된 것입니다. 하느님은 이스라엘 백성을 이렇게 일으켜 세우기 위해 아리고 고된 사랑을 했고 지치지 않는 인내의 과정을 밟아왔습니다. 그리고 이제 축복처럼 서 있는 이스라엘 백성에게 함께 꿈꿀 수 있겠느냐고 물으십니다. 계약이란 그 꿈에 대한 서로의 약속이겠지요.

편지 22

계약 제안, 꿈꾸시는 하느님

탈출 19,1-25; 20,18-21

◆

상처가 별이 될 수 있을까?

이스라엘 백성은 이제 시나이산에 도착했어. 하느님이 모세에게 소명을 주시던 그 자리야. 하느님은 그때 모세에게 "네가 이 백성을 이끌어내면, 너희는 이 산 위에서 하느님을 예배할 것"이라고 하셨어. 그 약속이 이루어진 거지. 이스라엘 백성과 모세 모두 우여곡절 속에서 이만큼 성장한 모습으로 하느님의 거처라는 시나이산 앞까지 오게 됐네. 이스라엘 백성과 하느님 사이엔 설레고 들뜬 분위기가 흐르고 있어. 하느님은 이 순간을 기다려왔고 준비해오셨나 봐. 이제야 계약에 대한 이야기를 처음으로 꺼내고 계시네. 이스라엘 백성에 대한 당신의 꿈을 밝히시는 거지. 이제는 이스라엘 백성도 자신들의 미래를 꿈꿀 수 있을 거라고 믿으셨나 봐. "이제 너희가 내 말을 듣고 내 계약을 지키면 너희는 모든 민족들 가운데에서 나의 소유가 될 것이다." "그리고 너희는 나에게 사제들의 나라가 되고 거룩한 민족이 될 것이다"라는 말씀이야. 계약의 내용을 밝히는 게 아니라 먼저 계약으로 당신이 무엇을 이루고자 하시는지를 이야기하셔. 이스라엘 백성과 함께 이루고 싶은 당신의 꿈인 거지. '나의 소유', '사제들의 나라', '거룩한 민족' 같은 가슴 설레게 하는 말들이 쏟아지네.

이제 보니 우리도 하느님과 같은 꿈을 꾸고 있었나 봐. '상처가 별이 될 수 있을까?' 우리 집이 간직하고 있는 영성이자 꿈이잖아. 폭행이란 부수는 거라서 폭행을 당했다는 것은 부서졌다는 뜻이야. 몸뿐이 아니라 마음도 부서지고 어떤 아이들은 정신까지 부서져버린 모습으로 갈대 바다를 건너오잖아. 그 아이들 마음은 꼭 깨진 유리 같더라. 잘못 손을 대다가는 내 손에서 피가 흐르게 되더라고. 하지만 깨진 유리라도 거기에 빛이 들어서면 저마다의 색깔로 반짝일 수 있지 않을까? 그렇게 상처가 별이 될 수 있지 않을까? 적어도 훗날 누군가에게 작은 위로와 희망을 주는 사람이 될 수 있을 거라는 꿈이지. 그 꿈을 위해 우리도 아이들을 어르고 달래서 우리들 규칙만 따라주면 너희에게 다른 미래가 있을 거라는 약속을 하게 되잖아.

하느님도 이스라엘 백성과 꼭 그런 꿈을 꾸시는 거야. 억압과 폭력 속에서 건져낸 백성을 데리고 당신의 말씀을 잘 듣고 계약을 잘 지킨다면 사제들의 나라, 거룩한 민족으로 만들어 주겠다는 약속을 하시는 거잖아. 별이 될 거란 거지. 이 꿈길이 얼마나 고될 것인지 알아서 그런가? 꿈이기도 하고 다짐이기도 한 마음이란 걸 알아서일까? 애틋하고 아련하고 가슴 찡하네. 하느님은 마치 상처라는 긴 어둠을 건너온 자식 곁에 앉아서 조용히 '넌 별이 될 거야'라고 말하는 부모 같다.

하느님의 소유가 된다는 건?

하느님의 이런 제안을 이스라엘 백성은 진심으로 받아들이고 있어. 모세가 하느님의 계약 제안을 전하자 이스라엘 백성은 다 함께 "주님께서 이르신 모든 것을 우리가 실천하겠습니다"라고 대답해. 이스라엘 백성은 이제 하느님을 온전히 자신들의 하느님으로, 보호자로, 또 부모로 인정하는 거 같아. 그만큼 신뢰하는 거지. 이 대답을 들은 하느님 마음은 어땠을까? 뿌듯하셨을 거야. 그럴 만하잖아. 하느님은 당신이 이집트 땅에서 여기까지 이스라엘 백성을 "독수리 날개에 태워" 데려왔다고 이야기하셔. 어미 독수리는 자신의 새끼가 날 수 있도록 둥지에서 떨어트리지만 날지 못하고 공중에서 버둥거리면 잡아채서 자신의 강한 날개 위에 얹혀놓는다네. 이 비유를 보더라도 하느님은 자신을 분명 이스라엘 백성의 부모라고 여기고 계신 게 확실해.

하느님이 이스라엘 백성의 부모였다는 것은 맞는 얘기지. 파라오에게서 맏아들을 지켜낸 부모였고, 갈대 바다 앞에서 목숨을 구해낸 부모였고, 광야 여정 내내 불평을 받아들인 부모였고, 갈 길을 먼저 앞서가면서 손짓하던 부모였고, 갈증과 굶주림 속에서 먹여주던 부모였고, 모든 불안 속에서 지켜주던 부모였잖아. 이스라엘 백성이 다 함께 계약의 제안을 승낙하는 건 이제 하느님이 자신들의 부모임을 행복하게 받아들이는 거지. 그리고 하느님이 제시하는 꿈을 믿고 가겠단 거야. 하느님이 이스라엘 백성에게 '나의 소유'가 될 거라고 하셨던 말씀을 이해하겠다. 가두어놓겠다는 말이 아니라 '나의 맏아들'이 될 거란 말일 거야. 자식만큼 소중한 게 어디 있겠어. 지켜줄 것이고 버리지 않을 거라는 약속의 말이겠지.

――――――― ◆ ―――――――

거룩한 민족이 된다는 건?

이제 이스라엘 백성은 하느님이 약속한 사흘째 되는 날, 계약을 위해 시나이 산기슭에 모여. 계약을 맺으려고 모여 있는 이스라엘 백성과 산으로 내려오는 하느님의 모습은 모세가 첫 소명을 받았을 때와 아주 비슷해. 하느님은 떨기나무 불꽃 속에 계셨고 모세는 신발을 벗어야 했잖아. 그리고 그 안에서 하느님의 말씀을 들었어. 규모가 다를 뿐, 여기서도 그래. 우렛소리와 번개가 치는 가운데 뿔 나팔 소리가 울리자, 하느님은 떨기나무 불꽃이 아니라 커다란 불로 내려오셔서 시나이산 전체를 연기로 뒤덮으셔. 당신이 어떤 분인지 보여주시지.

왜 모세에게 나타날 때의 소박함과 이리 다른 걸까? 모세에게는 타서 사라지지 않는 열정에 대한 확신이 필요했다면, 지금 이 백성에게는 경외심이 필요하기 때문일 거야. 이 경외심은 권위라는 말과 연결되어 있어. 부모란 역할이 참 묘하거든. 따뜻해야 하지만 권위도 있어야 하는 자리잖아. 따뜻함은 자식들을 세심하게 돌보고 지켜내는 모습이라면 권위는 가르치고 끌어가는 모습이야. 둘의 균형이 정말 중요하더라. 권위 없이 부모가 자기편이라는 따뜻함만 있으면 자기 뜻에 부모를 맞추려고 해. 부모를 사랑하지만 제멋대로야. 반대로 권위만 있고 따뜻함이 없는 부모라면 자식들이 부모를 피해 다니게 돼. 광야 여정에서 하느님이 이스라엘 백성에게 보여주신 것은 따뜻함이었어. 그런데 이제 이스라엘 백성이 따라야 하는 계약의 말씀을 이야기해야 할 순간이라면, 그 말씀을 따르게 할 권위가 필요할 거야. 이 장엄하고 위엄 있는 장면들은 사실 앞으로 이어질 말씀들에 대한 권위를 부여하려는 의도라고 보아야겠지. 하지만 이런 권위는 하느님이 보여주시는 것만으로 생겨나지 않아. 권위는 드러내는 사람에게 있는 게 아니라 인정하는 사람을 통해 존재하잖아. 어떤 사람이 자신에게 권위가 있다고 아무리 주장해도 사람들이 인정하지 않으면 소용이 없거든. 그럴 때 권위가 권력으로 전락하게 되지.

그래서 하느님은 이 자리에 참석해야 하는 이스라엘 백성에게 사흘 동안 성결한 의식을 치르게 하셨을 거야. 이스라엘 백성은 사흘 동안 옷을 빨고, 부부관계를 피하고, 산을 함부로 건드리지 말라는 하느님의 지시를 따랐어. 모세가 신발을 벗었던 행위와 같은 성결 의식聖潔儀式이야. 세상의 더러움을 씻고 세상의 즐거움에서 벗어나 준비하는 거지. 자신 안에 경외심이 들어설 공간을 만드는 일인 거야. 경외심이란 그 속이 더럽혀 있거나 세상의 즐거움으로 가득 차 있으면 들어서질 못해. 산을 건드리지 말라는 이야기는 시나이산에 모였을 때 산의 경계를 넘지 말라는 말로 계속돼. 손대지 말라는 이야기고, 손댈 수 없는 게 있다는 이야기야. 권위와 경외심은 이런 행위와 마음에서 시작되거든. 세상에 자신이 함부로 해서는 안 되는 게 바로 성스러움이고 이를 대하는 마음이 경외심이겠지. 함부로 손대지 말라는 이야기는 완곡하게 손을 대면 죽음으로 이어질 거란 표현으로까지 나가고 있어. 그만큼 중요한 마음가짐이란 거야.

  뒤에 보면 이스라엘 백성이 두려움에 떨면서 모세의 중재를 요청하는 장면이 있어. 그때 모세가 "두려워하지들 마라. 하느님께서는 너희를 시험하시려고, 그리고 너희가 그분을 경외하는 마음을 지녀 죄짓지 않게 하시려고 오신 것이다"라고 말하잖아. 이렇게 하느님은 백성 안에 당신에 대한 경외심을 일으키고 나서 이제 당신이 하고자 하는 말씀을 시작하실 거야. 무슨 말씀이기에 이리 장엄하고 신중한 준비를 하는 걸까? 대충 짐작할 수는 있어. 이 이야기가 모세의 소명 이야기의 확장판 같다는 것은 이 이야기 역시 이스라엘 백성의 소명 이야기라고 볼 수 있는 거잖아. 소명에 대한 말씀이 따라오겠지. 모든 소명은 사랑인 거잖아. 이스라엘 백성도 모세처럼 그들 안에, 또 그들 밖에 있는 아파하는 이들을 사랑하고 구하라는 요청일 거야. 하느님이 이스라엘 백성에게 사제들의 나라, 거룩한 민족이 될 거라고 하신 말씀이 무슨 뜻인지 알 거 같다. 하느님은 이스라엘 백성과 함께 또 다른 아픔들을 사랑하는 꿈을 꾸시려는 거야.

상처는 깨진 유리 같다.
빛으로 반짝이면
상처도 별이 될 수 있을까?

편지 23

계약 법규와 성찰된 기억
탈출 20,1-23,19

법규에도 이야기가 있을까?

이제 하느님이 이스라엘 백성과 무슨 계약을 맺고자 하시는지 구체적인 내용을 살펴봐야겠지. 이 내용은 '십계명'과 '계약 규범'이란 이름으로 알려져 있어. 이 두 가지는 따로 떨어진 게 아니야. 계약 규범에 대한 요약이 십계명이라고 보면 돼. 십계명이란 용어가 많이 사용되고 있지만, 본문에선 '열 가지 말씀'으로 나와. 그냥 열 가지 계약 말씀이라고 생각하면 될 거야.

열 가지 말씀을 여는 첫 문장을 볼까? "나는 너를 이집트 땅, 종살이하던 집에서 이끌어낸 주 너의 하느님이다"라는 선언이야. 성서학자들 얘기로 이 선언은 고대 주종계약을 맺을 때 계약을 주관하는 이가 자신의 권위를 밝히는 것과 같은 형태라고 해. 누가 하는 말이냐를 밝혀서 이어지는 법령들에 권위를 부여한다는 거야. 그런데 왜 하필 '이집트 종살이에서 이끌어낸'이란 수식어를 쓰는 걸까? 앞으로 나올 법령들이 이집트 종살이에서 구원된 사건과 긴밀하게 연결되어 있기 때문일 거야. 그래서 이 선언은 이어질 법령들에 권위를 부여하는 동시에, 그것들의 내용을 규정하는 말이기도 해. 그래서 한마디로 이 선언은 열 가지 말씀을 이해하는 중요한 열쇠라고 볼 수 있어.

소위 메타 의식meta意識이란 말을 하잖아. 표면으로 드러난 것을 아우르는 좀 더 깊은 의식이란 말이지. 이집트 종살이에서 구원된 사건이 바로 이 열 가지 말씀의 메타 의식일 거야. 거꾸로 말하면 열 가지 말씀은 이집트 종살이와 거기에서 구원된 사건을 성찰한 결과라고 할 수 있겠지. 하느님은 이 사건을 기반으로 굳건히 세워야 할 것들과 다시는 되풀이해선 안 되는 것들을 선별해서 새로운 세상을 위한 새로운 질서를 세우려 하신단 거야. 이게 열 가지 말씀, 곧 십계명이 고대 근동

지역의 유사한 법전들과 차이가 나는 이유라고 볼 수 있어. 비슷한 법규라도 그 안에 담긴 이야기가 다르면 전혀 다른 의미를 갖게 되잖아. 그래서 십계명 속에 일부 계명이 고대 인근 지역의 법령들과 비슷하다고 해도 똑같은 내용이라고 말할 수 없어. 법령 속에 담긴 이야기가 너무 다르니까 말이야.

성찰된 기억이란 무엇일까?

십계명이 이야기를 담고 있는 법규라는 말은 법규가 이야기를 기억하는 또 다른 방식이라는 말이기도 해. 그래서 십계명을 풍요롭게 읽어내고 싶다면 이런 질문이 필요할 거야. '하느님은 이스라엘 백성이 이집트 종살이에서 구원된 사건에서 무엇을 기억하길 바라셨을까?'라는 거지. 하나의 사건을 기억한다는 말은 사실 세심한 성찰이 필요한 일이야. 같은 사건에서 서로 다른 것들을 기억할 수 있거든. 예를 들자면 우리 아이들이 물건을 훔쳐서 나한테 된통 혼난 일이 있었다고 해봐. 어떤 아이는 단순히 혼난 걸 기억하고, 어떤 아이는 어설펐던 도둑질을 후회하면서 기억하고, 어떤 아이는 내가 물건에 애착이 많아서 화가 났다고 기억할 거고, 어떤 아이는 도둑질하는 친구

곁에 있다가 함께 걸린 자신의 억울함을 기억할 거고, 어떤 아이는 고자질한 친구에 대한 미움을 기억할 거고, 어떤 아이는 자신이 한 일로 다른 사람의 마음에 상처를 주었다는 사실로 기억할 거야. 이렇게 다양해. 모든 이야기는 입장에 따라 저마다 다른 기억이 될 수 있어.

 그래서 모든 사건은 올바른 성찰을 거쳐야만 올바른 기억이 될 수 있어. 그렇게 올바른 성찰을 거친 기억을 일단 '성찰적 기억'이라고 부르기로 하자. 학자마다 부르는 말이 조금씩 달라서 그래. 발터 벤야민에겐 '미래에 대한 기억'일 수 있고 아도르노에겐 '애도'일 수도 있거든. 어려운 말 치우고 우린 그냥 '성찰적 기억'이라고 부르자. 이 기억이 중요한 건, 이게 단순히 과거를 정리하는 데 그치지 않기 때문이야. 성찰적 기억을 통해서만 건강한 미래를 만들 수 있지. 열 가지 말씀도 바로 이런 성찰적 기억으로 이루어진 법규겠지.

 대충 어림잡아 보자면, 이집트에서 구원된 이야기는 이스라엘 백성의 관점에서 크게 긍정적 사건과 부정적 사건으로 나뉠 수 있어. 긍정적 사건이란 당연히 구원 사건이지. 구원 이야기가 '버리지 않는 하느님'과 '연민의 하느님'이란 성찰적 기억을 거치며, 하느님을 충실히 섬기고 노동 약자를 보호하자는 새로운 질서와 법규로 만들어진 거야. 또 이집트 노예 생활이라는 부정적 기억이, '빼앗는 세상', '억울한 세상'이란 성찰적 기억을 거치며, 인권을 지키고 사회 약자를 보호하자는 새로운 질서와 법규로 만들어진 거고. 도표 하나를 남겨놓을게. 굳이 도표 같은 걸 만들어놓으면 '읽기'가 공부로 변할 위험이 있어서 좋지 않지만, 괜히 복잡한 이야기 한다고 투덜댈까봐 그래.

이야기	성찰적 기억	새로운 질서	새로운 법규
긍정적 사건: 구원 이야기	버리지 않는 하느님	야훼 신앙 보호 삶의 중심	1. 나 말고 다른 신이 있어서는 안 된다
			2. 어떤 신상도 만들어서는 안 된다
			3. 하느님의 이름을 함부로 불러서는 안 된다
	연민의 하느님	노동 약자 보호 삶의 질서	4. 안식일을 지켜라
			5. 부모를 공경하라
부정적 사건: 노예 이야기	빼앗는 세상	인간 생명 보호 관계의 중심	6. 살인하지 마라
			7. 간음하지 마라
			8. 도둑질하지 마라
	억울한 세상	사회 약자 보호 관계의 질서	9. 이웃에게 불리한 거짓 증언을 하지 마라
			10. 이웃의 집과 소유를 탐내지 마라

사랑의 계명이 맞나?

혹시 예수님이 첫째가는 계명에 대해 하신 말씀 기억하니? 첫째 계명은 마음을 다하고 목숨을 다하고 정신을 다하고 힘을 다하여 하느님을 사랑하는 거고, 둘째 계명은 이웃을 자신처럼 사랑하라는 말씀이었잖아(마르 12,29-31). 바로 이 열 가지 계약 말씀에 대한 예수님의 깔끔한 정리라고 볼 수 있어. 열 가지 말씀이 있지만, 이 말씀의 핵심들은 하느님과 사람을 사랑해야 한다는 말로 요약될 거야. 그게 하느님이 이집트에서 이스라엘 백성을 구해낸 이유이고, 앞으로 이스라엘 백성과 함께 꾸려갈 하느님의 꿈인 거지.

그런데 예수님의 계명과 탈출기 십계명 사이엔 그래도 뭔가 다른 느낌이 있지 않니? 탈출기의 십계명이 '~해서는 안 된다'라는 부정 형태의 짧고 딱딱한 문장으로 이루어진 법조문의 형태를 띠고 있기 때문일 거야. 법규라는 게 원래 그래. 예나 지금이나 모든 법규는 최소의 규정으로 만들어지기 때문에 짧고 확정적인 문장을 취할 수밖에 없어. 사랑하라는 말이나 용서하라는 말은 법규로 세울 수 없다는 거야. 사랑과 용서라는 이상을 위해서 다만 때리지 말 것, 모욕하지 말 것과 같은 최소의 조항들만 법규로 만드는 거지. 그래서 차이가 있을 거야. 예수님의 말씀은 계명의 정신을 통해 사랑의 공동체를 완성하려는 거고, 탈출기의 계명들은 사랑의 공동체가 서 있는 출발선을 만들고 있는 거라고 보면 돼. 사랑하려면 출발선부터 잘 지켜야지.

  아! 잊은 게 있다. 십계명은 탈출기와 신명기 두 군데서 나오는데 내용은 같지만 열 가지 계명을 나누는 게 조금 달라. 시대 변화에 따라서 생긴 차이야. 천주교회는 보다 최신판인 신명기의 십계명을 사용하고 개신교회는 탈출기의 십계명을 사용해. 우린 탈출기를 읽고 있으니까 여기에 나오는 십계명을 따라갈 거야. 뭐가 다르다고 꿍얼대지 말란 소리다. 조금만 어려운 얘기를 꺼내게 되면 왜 이리 너희가 싫증낼까 눈치를 보게 되는지 원.

편지 24

계약 내용 1, 삶의 새로운 중심
탈출 20,1-23,19

◆

왜 야훼 신앙이 삶의 중심이어야 할까?

계약 내용의 첫 번째 부분은 야훼 신앙에 대한 말씀이야. 첫 계명에 해당하는 "나 말고 다른 신이 있어서는 안 된다"라는 말씀은 야훼 신앙이 삶의 중심이어야 한다는 요청이겠지. 이 말씀을 이해하려면 먼저 아무런 신앙이 없는 백지상태를 상정해볼 필요가 있어. 삶의 중심이 비어 있다면 무엇으로 그 자리를 채우고 싶니? 흔히들 그렇듯 '나'를 자신의 중심에 세워 놓으려고 하면 제일 먼저 욕망이 그 자리를 채울 위험이 있어.

정화되지 않은 '나'란 욕망을 담고 있는 그릇이거든. 그래서 '나'가 아닌 어떤 '가치'를 중심으로 삼아야만 해. 여기서 '가치'라는 것은 폭넓게 하느님께 속해 있는 모든 신념일 거야. 그래서 삶의 중심을 만드는 문제는 결국에 가면 자신 안에서 일어나는 욕망과 하느님의 자리싸움 같은 것이 되더라.

  이 계명은 유일신에 대한 선언이 아니야. 다른 신들 사이에서 하느님을 선택해야 한다는 말씀이지. 다른 신들이란 욕망을 선善으로 만드는 모든 절대자들을 가리킬 거야. 한때 이스라엘 백성의 삶의 중심을 차지했던 파라오나 이집트 신들 모두 욕망의 절대자들이었잖아. 탐욕을 신의 선물로 만들어주는 신들이었지. 모든 미신은 그런 면에서 다 똑같지 않나? 이 계약 말씀은 이런 신들에게 휘둘리지 말고 아픈 이들 편에서 올바른 삶을 이끄시는 야훼 하느님을 섬기란 이야기를 하고 있어. 새로운 삶을 살아가고자 하는 사람들이면 이게 첫 번째 성찰일 수밖에 없겠지. 내 삶의 중심에 하느님을 잠시 비워두면 어찌 그리 번개같이 욕망이 들어와서 똬리를 틀고 앉아 있는지 신기해. 그렇게 자리잡은 욕망은 언제나 '나'라는 주어를 사용해서 자신의 탐욕이 정당하다는 변명을 세우기 시작하더라. 욕망이 삶의 중심이 되면 어떤 말로도 그 사람을 설득할 수 없게 돼. 파라오가 되어 있는 거지.

탈출기가 전하는 이집트 종살이에서 첫 희망을 기억하니? 산파들이었잖아. 파라오의 권력과 하느님 사이에서 하느님을 섬기는 경쾌한 선택을 하던 이들이었지. 하느님을 삶의 중심으로 선택하는 일은 언제나 탐욕과의 싸움이야. 야훼 하느님을 삶의 중심에 놓는 일이 그 무엇보다도 첫째 계명이 될 수밖에 없을 거야. 적어도 하느님이 꿈꾸는 세상, 더 이상 사람이 사람에게 아픔이 되지 않는 세상을 만들려면 그렇겠지. 혹시 이 계명을 '나만 섬기라는' 하느님의 완강한 소유욕이라고 여기는 것은 아니겠지? 하느님은 사람의 믿음이 필요한 분이 아니야. 사람을 위해서 하느님이 믿음을 요청하는 거지. 하느님이 자신을 섬기라고 요청하시는 건, 사람이 사람으로 살아가게 하려는 요청인 거야.

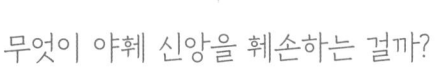

무엇이 야훼 신앙을 훼손하는 걸까?

야훼 신앙과 욕망의 관계를 좀 더 볼까? 성경에서 보면 욕망은 풍요에 대한 애착으로 많이 등장할 거야. 야훼 신앙과 욕망이 갈등 관계에 있다고 해서 야훼 신앙이 풍요를 약속하지 않는 것은 절대 아니야. 아브라함이나 노아와의 약속을 봐도 그렇고 이스라엘 백성에게도 젖과 꿀이 흐르는 가나안 땅을 약속하고 있잖아. 다만 올바른 삶이 전제되어야 한다는 거야. 하느님이 원하는 올바른 길을 걸어야 약속의 땅이 있는 거지. 올바른 삶을 지켜낸다는 건 고단한 일이야. 그래서 야훼 신앙을 중심으로 살아가는 삶이란 게 참 힘들어. 시나이 계약 자체도 그런 맥락 속에 있잖아. 이런 올바름을 향한 힘겨움을 피해서 쉽게 풍요만 얻고자 한다면 그게 바로 야훼 신앙에 대한 왜곡의 시작일 거야.

흔히 우상숭배라는 것을 보면 더 쉽게 이해할 수 있어. 왜 사람들은 그런 이상한 신상들을 만들어놓고 이상한 신들을 섬기는 걸까? 고대 신상들은 대부분 뱀이나 소, 다산의 여인과 같은 모습을 하고 있잖아. 대부분이 풍요와 관계된 신상들이지. 우상숭배란 결국 풍요를 위한 신앙이라고 볼 수 있어. 성찰과 삶의 변화라는 과정 없이도 제물을 바치고 기도만 하면 풍요를 얻을 수 있다고 믿는 거야. 욕망의 거래가 야훼 신앙의 고단함보다 풍요를 얻기에 더 쉬운 법이니까. 파라오가 믿었던 우상숭배도 그랬어. 자신이 어떤 탐욕을 지녔어도, 어떤 폭력을 행사해도, 누군가를 짓밟아도 제물과 예배를 드리면 자기편에서 자신에게 풍요를 주는 신들을 믿었던 거야.

두 번째 계명이 "어떤 신상도 만들어서는 안 된다"라는 말씀이잖아. 어떤 신상도 만들지 말고 어떤 신상에도 하느님의 이름을 붙이지 말라는 거야. 어떤 신상을 내세워서 거기다 하느님의 이름을 붙이면 어떻게 될까? 하느님이 풍요의 신으로 바뀌게 되겠지. 풍요를 거래할 수 있는 하느님이 만들어질 거야. 그래서 야훼 신앙을 훼손할 수 있는 첫 번째 위험은 욕망의 신상들, 그리고 욕망의 거래에서 오게 돼. 욕망의 신상들 안에선 더 이상 올바른 삶을 인도하는 하느님도, 아픔을 들으시는 하느님도, 탐욕과 싸우시는 하느님도 볼 수 없게 될 거야. 다만 풍요를 거래하는 하느님만이 거기 있게 되겠지. 어떤 곳에 가면 여전히 만신전이란 신당들이 있어. 세상에 있는 모든 신들을 다 모아놓은 곳이지. 거기에는 당연히 예수님 상도 있겠지. 그곳에 하느님이 계실까? 없어. 그 자리는 다만 욕망과 풍요가 거래되는 자리이기 때문이야. 이 신상의 문제에 하느님은 아주 완고해. 하느님이 자신을 질투하는 하느님이라고까지 표현하시잖아. 다른 어떤 신상도 안 된다는 완고한 경고라고 받아들여야 할 거야.

계약 규범의 첫 자리에 나오는 제단에 대한 규정을 봐. 금으로도 은으로도 하느님의 형상을 만들지 말고 다만 흙으로 제단을 만들라고 하고 있어. 혹여 돌로 만들어야 한다면 돌에 어떤 정도 대지 말라고 하잖아. 사람의 생각들로, 사람의 욕망으로 야훼 하느님을 재단하거나 훼손하지 말라는 얘기겠지. 야훼 하느님은 우리가 거래하고 다룰 수 있는 하느님이 아니라 우리가 따라야 하는 하느님이란 거야. 하느님을 표현하고 치장하는 게 아니라 하느님의 뜻을 살피는 게 하느님을 섬기는 일이란 거지.

누가 야훼 신앙을 훼손하는 걸까?

세 번째 계명인 "너의 하느님의 이름을 부당하게 불러서는 안 된다"라는 말씀도 야훼 신앙을 훼손하는 일과 연관되어 있어. '부당하게'라는 말은 거짓, 남용, 헛됨, 기만 같은 뜻이잖아. 쉽게 얘기해서 의도적으로 하느님의 이름을 자신의 욕망을 위해 이용하는 경우를 말하는 거야. 자신의 욕망을 위해선 하느님마저 이용할 수 있는 게 사람이잖아. 자신이 하는 행동이나 말들을 합리화하기 위해 하느님 이름을 도용하는 일이야 예나 지금이나 허다한 일이지. 십계명의 열 가지 말씀이 이스라엘의 오랜 역사 속에서 정리되었을 거라는 의견을 고려한다면, 이런 일들이 얼마나 비일비재했을지 상상할 수 있을 거야. 신상을 만드는 일이 하느님의 모습을 욕망이란 거푸집에 담아놓은 느낌이라면, 부당하게 하느님의 이름을 부르는 일은 자신의 욕망을 하느님의 이름으로 포장하고 있는 느낌이 드네. 신상을 만드는 일에 담긴 욕망은 쉽게 보이는 데 반해, 하느님의 이름을 부당하게 부르는 일에 담긴 욕망은 포장지 속에 숨겨 있어서 찾아내기가 쉽지 않아. 하느님의 이름을 자주 부르면 일단 진실하고 거룩해 보일 수 있잖아.

  하느님의 이름은 거룩한 거야. 그 이름이 무슨 부적 같아서가 아니라 하느님이 거룩한 분이시기 때문에 그 이름이 거룩한 거지. 거룩한 것에는 함부로 손댈 수 없는 경외심이 담겨 있어. 그런데 이런 거룩함에 대한 훼손은 욕과 비방으로 이루어지는 게 아니야. 거룩함은 미움을 받을수록 더욱 찬란히 빛날 수 있거든. 거룩함의 훼손은 오히려 그 의미의 오염을 통해 이루어진다고 봐야 해. 하느님의 이름도 그렇지. 아무 데서나, 아무 때나 갖다 쓴다면 그 이름의 무게가 그만큼 가벼워지고 그만큼 오염될 수 있다는 거야. 많이 손대는 것은 많이 오염될 수밖에 없잖아. 특별히 언어란 건 더 그렇지. 거룩한 언어가 욕망으로 훼손되지 않고 거룩하게 지켜지려면 그 언어에 깃든 무게를 되찾아야만 할 거야.

  하느님의 이름이란 이스라엘 백성이 이집트 땅에서 부르짖었던 이름이었고 갈대 바다 앞에서 부르짖었던 희망의 이름이었잖아. 생존의 광야에서 갈증과 굶주림 속에서 부르짖었던 이름이었고 약속의 이름이었지. 하느님의 거룩한 이름은 그만큼 무거운 이름이야. 사랑과 구원의 이름이란 세상의 절망과 아픔을 함께 품고 있는 이름일 수밖에 없기 때문이야. 그런 이름을 돈 달라는 데 쓰는 건, 자신의 변명을 위해 쓰는 건 미안해야 하는 거 아닌가? 그 이름을 목숨으로 부르짖었던, 그 이름을 위해 목숨까지 바쳤던 사람들이 있었다면 그들에게 미안해져야 하는 거 아닌가?

  야훼 신앙의 훼손은 파괴와 거부로 이루어지는 게 아니야. 오염으로 이루어지는 거지. 사람이, 사람의 욕망이 그 이름을 오염시켜 버리는 거야. 그 이름을 불러도 더 이상 애타지 않도록, 그 이름을 불러도 더 이상 눈물이 나지 않도록 가볍고 가볍게 만들어버리는 거지. 우리도 기도할 때, 무언가를 청하려고 하느님의 이름을 부를 때, 그 이름의 무게와 맞는 청인지, 그 이름의 거룩함과 맞는 기도인지 되새겨봐야 할 거야.

편지 25

계약 내용 2, 삶의 새로운 질서

탈출 20,1-23,19

계약의 두 번째 내용은 삶의 새로운 원칙에 관한 거야. 이 내용을 이해하려면 먼저 이집트 땅에서 파라오가 세운 세상의 질서를 떠올릴 필요가 있어. 파라오가 세운 탐욕의 세상을 관통하는 원칙은 무엇이었을까? 탐욕의 원칙은 당연히 이기심과 욕망이지. 이기심과 욕망이 더 이상 부끄러움이 아니라 정당한 선이 되어버린 세상인 거야. 이기심이 선이 되면 욕망이 아름다움이 되는 수순을 거쳐서 탐욕이 자랑이 되는 경지에 다다르게 되겠지. 그런 세상의 반대편엔 연민의 세상이 있어. 모세를 건져낸 두 어머니가 꾸려내었던 그런 세상 말이야. 하느님의 세상인 거지. 이스라엘 백성은 자신들을 이집트 땅에서 건져내온 하느님이 바로 연민의 하느님이란 사실을 누구보다도 잘 알고 있었을 거야. 그들의 신음소리를 듣고 그 아픔을 함께 아파했던 하느님이셨으니까. 이제 이스라엘 백성은 당연히 하느님을 따라서 탐욕의 세상을 벗어나 연민의 세상을 만들어가야만 할 거야. 그런데 문제는 개인의 내적 영역이라고 볼 수 있는 연민을, 어떻게 이스라엘 백성 전체가 따를 수 있는 삶의 규정으로 만들 수 있느냐는 거야. 연민을 법규로 만드는 게 가능할까?

연민이 법규가 될 수 있을까?

"안식일을 기억하여 거룩하게 지내라"는 말씀을 보자. 안식일은 엿새 동안 일하고 이렛날은 모두가 쉬어야 한다는 규정이야. 이 법은 무엇보다도 노동 약자들에 대한 배려를 담고 있어. 남종과 여종 그리고 이방인에게 꼭 적용되어야 한다는 사실을 강조하는 것만 봐도 이 법규가 어떤 의도를 지니는 것인지 가늠하게 돼. 사실 주인이나 귀족들은 안식일을 따로 정해놓지 않아도 충분히 쉴 수 있잖아. 노동이 곧 자본이고 풍요의 기반인 세상에서 노예가 노동을 쉰다는 것은 자본의 손실을 의미할 거야. 그럼에도 불구하고 노동 약자들에게 의무 휴일을 부여한다는 규정을 그 옛날에는 상상하기도 힘들었을 텐데, 어떻게 이런 진보적인 법규를 이스라엘 백성 '전체'가 받아들일 수 있었던 걸까? 안식일의 근거에 대해선 신명기와 탈출기가 약간 다르게 말하고 있어. 신명기는 이집트 땅에서 겪은 강제 노역과 그 아픔을 돌본 하느님에 대한 기억이라고 해(신명 5,15). 이에 반해 탈출기는 안식일 법을 하느님이 엿새 동안 일하고 이렛날에 쉬었다는 창조 이야기와 연결하고 있어.

안식일의 근거에 대한 이런 차이는 재밌게도 훗날 예수님과 바리사이들의 논쟁에서도 찾아볼 수 있을 거야. 안식일에 예수님이 병을 고친 일을 두고 벌어지는 논쟁들을 떠올려봐. 예수님은 병자를 고치면서 사람이 안식일의 주인이란 주장을 하시고 바리사이들은 안식일엔 치유뿐만 아니라 어떤 일도 해서는 안 된다고 주장하지. 예수님은 안식일을 연민의 계명으로 해석하셨던 거고 바리사이들은 절대적 쉼의 계명으로만 받아들이고 있었던 거야(루카 13,10-17). 사실 깊게 보면 안식일에 대한 이 두 논거는 대립하는 게 아닌데 바리사이들의 문자적 해석이 만들어낸 해프닝이라고 봐야 해. 안식일은 절대적 쉼에 대한 계명이 맞지만, 절대적 쉼의 이유는 연민이거든. 안식일 법이 강제 노역의 고통 속에서 사람을 건져낸 사건을 기억하는 계명이었다면, 고통받고 있는 이들을 안식일이라고 해서 내버려두어선 안 되겠지. 그들을 고통에서 건져내는 것이 안식일 법의 정신이니까. 안식일 법의 핵심은 바로 하느님의 연민에 있다고 봐야 해.

연민이 질서가 될 수 있을까?

안식일 법에 대한 탈출기의 근거를 좀 더 살펴보자. 탈출기가 안식일 법을 하느님의 창조 이야기와 연결 지어서 설명하는 데에는 좀 더 깊은 이유가 있어. 안식일을 창조질서로 보고 있는 거야. 모든 세상이 창조질서에 따라 연민의 질서를 회복해야 한다는 거지. 보통 우리는 연민이란 말을, 가진 자가 불쌍한 자에게 베푸는 혜택 정도로 여길 때가 많잖아. 혜택이기 때문에 어떤 선택 사항이라고 여길 수도 있어. 그런데 탈출기는 안식일을 하느님의 창조질서와 연결해서 연민을 선택 사항이 아니라 반드시 지켜져야 하는 의무로 만들고 있어. 이집트 땅에서 파라오가 만든 세상은 창조질서가 무너진 혼돈의 세상이었잖아. 그러니 새로운 세상은 반드시 하느님의 창조질서를 되찾아야 한다는 거야. 탐욕의 세상에서 연민의 세상으로의 회복이지. 그래서 탈출기는 안식일에 담긴 연민의 질서를 비단 노동 약자에게만 적용하는 데 그치지 않고 창조세계 전체로 확대하고 있어.

계약 규범을 들춰보면 안식일뿐 아니라 안식년이란 법이 나오거든. 안식년이란 일곱 째 되는 해에 종을 해방하는 것은 물론이고 땅도 쉬게 한다는 규정이야. 안식일에 담긴 연민의 질서가 사람과 동물, 땅에까지 세상 모든 자리에 흐르게 하려는 거야. 혹시나 계약 규범에 나오는 종에 대한 법규들을 보다가 실망했을지도 모르겠다. 지금 우리 눈엔 그리 신선하지 않을 수 있을 거야. 하지만 그 시대의 한계를 고려하고 봐야 해. 이 법규들은 그 당시 연민의 질서를 세상 전체에 흐르게 하려는 고심의 결과로 굉장히 변혁적인 시도였어.

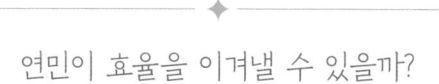

연민이 효율을 이겨낼 수 있을까?

'부모를 공경하여라'라는 계명도 연민의 질서라는 틀에서 바라보자. 연민이 세상의 질서가 되는 첫 자리는 가정이고, 더 정확히는 부모와의 관계겠지. 대다수의 사람이 세상에 태어나서 처음으로 맺는 관계가 부모와의 관계잖아. 그래서 부모와의 관계 질서는 세상과 하느님에 대한 관계에까지 영향을 미칠 수가 있어. 유교 사회를 떠올려 봐. 유교 사회에서 효는 나라에 대한 충으로 연결되고 하늘의 뜻에 대한 순종까지 나아가는 질서의 출발점이잖아. 그래서 부모에 대한 공경을 사회적 차원에서도 매우 중요하게 여겼던 거야. 이스라엘 백성도 마찬가지겠지. 그들도 부모에 대한 공경을 하느님에 대한 공경과 연결된 하나의 질서로 여겼어. 그래서 창세기 설화를 보면 야곱과 에사우가 부모의 축복을 두고 싸우기도 하잖아. 부모의 축복과 하느님의 축복을 동일시하였던 거지. 계약 규범 속에 있는 "너희는 하느님을 욕하거나 너희 백성의 수장을 저주해서는 안 된다"(22,27)라는 규정도 이런 맥락에서 이해할 수 있을 거야.

그런데 왜 고대 문명에서뿐 아니라 지금 우리 눈에도 당연한 질서로 보이는 부모에 대한 공경을 굳이 십계명의 한 항목으로까지 명시하고 있는 걸까? 아마 중요한 만큼 잘 지켜지지 못한 경우도 많았기 때문이겠지. 어떤 경우에 그랬을까? 계약 규범을 들춰보면 아버지와 어머니를 때리거나 욕한 자는 사형을 받아야 한다는 규정이 나와(21,15.17). 이렇게 부모와 자식 사이에 힘이 역전된 상태라면 부모가 힘을 잃었을 때일 거야. 늙고 병든 부모인 거지. 육체노동 사회에서 늙고 병들었다는 것은 노동력을 상실한 상태를 말해. 부모를 공경하라는 계명은 부모가 힘이 있을 땐 너무도 당연해서 말할 필요가 없어. 노동력을 상실한 부모와의 관계를 전제해야만 설명이 돼. 결국 연민의 계명이 되는 거지. 이 계명이 참 부담스러웠는데 이제야 우리 아이들에게 설명해줄 수 있겠어. 부모가 없거나 부모에게 폭행당해 온 아이들에게 이 계명을 무어라 설명해줘야 하는지 난감했어. 부모를 공경하라는 이야기는 이익에 따라 사람을 버리지 말라는 말씀인 거지. 아이들의 부모가 아이들을 버렸다면 그 부모들이 이 계명을 어긴 거지, 우리 아이들이 어긴 게 아니라는 거야. 새로운 세상에서 연민이란 이해관계뿐 아니라 이익관계를 넘어서는 하나의 규범이고 질서이어야만 해. 욕망과 탐욕의 세상이 무서운 건 그곳에선 이익과 효율에 위배된다면 무엇이든 버릴 수 있기 때문이잖아.

그에 반해 연민은 쓸모없거나 힘들어도 사람만은 버릴 수 없다는 마음인 거지. 우리 모두 경쟁 사회에 살다 보면 자신이 쓸모없어질까 두려워하게 되지 않니? 버려질 거라는 두려움인 거지. 우리도 창조질서가 무너진 세상에서 살고 있어서 그래. 이스라엘 백성과의 계약을 통해 하느님이 꿈꾸시는 건 다시 연민의 세상을 만들고자 하는 거야. 고통받는 이들을 내버려두지 않는, 사람이 버려지지 않는 세상을 꿈꾸고 계신 거지.

편지 26

계약 내용 3, 관계의 새로운 중심
탈출 20,1-23,19

계약 내용의 세 번째는 생명 존중에 대한 말씀이야. 타인의 생명과 권리를 빼앗지 말라는 형식으로 짜여 있어. 이집트 종살이를 하던 이스라엘 백성이 겪어야 했던 인생이란 무엇이든 빼앗기는 인생이었을 거야. 목숨을 빼앗기고 재산을 빼앗기는 일이었겠지. 그 아픔을 잊지 말고 이제 너희는 남의 것을 빼앗는 사람이 되지 말라는 거야. 어찌 보면 당연하고 단순한 하느님의 요청이라고 볼 수도 있어.

하지만 적어도 우리 삶의 현장을 둘러보면 누구나 그렇게 할 수 있는 게 아니야. 피해자가 또 다른 가해자가 되는 경우가 허다하잖아. 살아남으려면 자신도 가해자가 되어야 한다고 여기지. 내 것을 빼앗기지 않으려는 두려움 때문에 차라리 다른 사람 것을 빼앗는 사람이 되는 거야. 왕따를 당해본 아이가 다시 왕따를 당하지 않으려면 왕따를 시키는 무리에 들어가야 한다고 믿는 경우를 생각해봐. 빼앗기는 인생을 살았던 이스라엘 백성은, 적어도 빼앗지 않는 삶을 선택할 수 있을까? 이 계약 말씀에는 이런 선택에 대한 요구가 담겨 있어.

생명이 관계의 중심이 될 수 있을까?

서로 빼앗는 인간관계는 경쟁하는 인간의 숙명일까? 다른 관계는 없는 걸까? 세상의 견고함을 생각한다면 쉽지 않겠지. 예수님은 이와 다른 관계를 사랑에서 찾아냈어. '이웃을 내 몸처럼 사랑하라'라는 예수님의 두 번째 계명은 빼앗고 빼앗기는 세상에서 예수님이 찾아낸 구원의 길인 거야. 이런 사랑의 관계는 어디서부터 시작될까? 헌신과 희생과 같은 고결한 사랑은 마음먹는다고 누구나 바로 되는 게 아니잖아. 그 첫걸음은 뭘까? 이어지는 계명들이 바로 그 첫걸음에 대한 이야기야.

우선 "살인해서는 안 된다"라는 말씀이 나와. 무슨 이유에서든 사람에게서 생명을 빼앗으면 안 된다는 거야. 생명을 지켜내는 게 사랑의 시작이란 거겠지. 좀 더 세부적으로 살펴볼까? 여기서 말하는 살인이란 '부당한 살인'을 말해. 전쟁이나 사형 같은 경우는 당시 시대 맥락에서 민족의 생존이나 공동체의 보존 차원으로 분류되니까 부당한 살인으로 여겨지지 않았을 거야. 어떤 경우를 '부당한 살인'이라고 할까? 십수 년 전에만 해도 과테말라가 굉장히 위험한 나라였다는 얘기를 들은 적이 있었을 거야. 길거리에서 살해된 시신을 보는 것이 그냥 흔한 일상이던 시절이었지. 살해 사건이 허다해도 살해 원인을 보면 의외로 단순하더라. 미움과 탐욕 두 가지로 나눠질 뿐이더라고. 이런 게 모두 부당한 살인인 거지.

그리고 이 부당한 살인들이 벌어지는 자리에선 또 하나 눈여겨봐야 할 게 있어. 물론 누구나 부당한 살인의 희생자가 될 수 있겠지. 하지만 힘 있는 사람들은 나름 자신들을 지킬 수 있는 보호 장치를 강구하게 될 거야. 문제는 어떤 보호 장치도 지니지 못하는 힘없는 이들이야. 무엇이든 빼앗아도 되는 탐욕의 세상에서 어떤 형태로든 힘없는 사람들이 목숨을 잃는 경우가 훨씬 더 많아. 빼앗으려는 사람은 강하고, 힘없는 이들은 아무런 보호 장치가 없으니 항상 비참한 결론에 도달하게 되지. 엘살바도르의 로메로 대주교가 군사독재자들이

벌이는 학살 한가운데서 반복해서 이야기했던 것이 바로 살인하지 말라는 이 계명이었다는 것을 떠올려봐. 이 계명은 그들이 사용할 수 있는 유일한 항변이자 보호 장치였고 그들이 내세울 수 있는 무기였을 거야.

이 계명이 담고 있는 가장 중요한 의미가 바로 여기에 있어. 아무리 가난하고 힘없는 생명이라도 모두 소중하다는 거야. 생명의 무게는 빈부의 차이가 있든 권력의 차이가 있든 같아야 하잖아. 살인하지 말라는 계명이 모두에게 적용된다는 건, 생명의 무게는 모두가 같다는 의미지. 생명은 하느님께로부터 온 것이고, 더욱이 사람의 생명에는 똑같이 하느님의 모습이 담겨 있다는 게 신앙의 진술이잖아. 살인하지 말라는 계명이 우리 안에 생명의 소중함과 생명의 동등한 무게감을 찾아줄 수 있을까?

계약 규범을 보면 그 시대의 한계 속에서 최선을 다해 힘없는 이들의 생명의 무게를 강조하려는 노력이 보여. 종에 대한 폭행을 세심하게 살펴봐. 폭행은 생명을 훼손한다는 차원에서 살인과 비슷한 거야. 고대 사회에서 종은 사유물이기 때문에 법적 보호 대상이 아니었어. 그런데 계약 규범에선 주인이 종에 가한 상해에도 벌과 보상을 해야 한다고 명시하고 있네. 그 시대의 한계 안에서 밖으로 한 발짝 내딛고 있다고 봐

따뜻한 햇살 아래서
일년 내내 피는 꽃들에겐
향기가 없다.

아마도 꽃향기는 꽃이
혹독한 겨울을 기억하는 방식인가 보다.

그래서 꽃향기를 맡으면
간혹 슬프기도 하고
간혹 고맙기도 한가 보다.

야 해. 이런 시도가 가능했던 건 아무런 보호 장치 없이 목숨을 빼앗겼던 이집트 종살이에 대한 성찰적 기억이 있었기 때문일 거야. 그래서 생명 존중을 관계의 중심으로 삼고자 하는 거겠지. 계약의 첫 번째 내용이 야훼 신앙을 모든 삶의 중심으로 선택해야 한다는 말씀이었다면, 계약의 세 번째 내용은 생명 존중을 모든 인간관계의 중심으로 선택해야 한다는 말씀일 거야.

성을 인격적 생명으로 볼 수 있을까?

"간음해서는 안 된다"라는 일곱 번째 계명도 생명 존중과 관계되는 말씀이야. 사실 이 계명은 좀 모호해. 간음이란 단어의 규정이 현대처럼 세분화되지 않았던 시대라서 분명하게 무엇을 말하는 것인지 헷갈리거든. 결혼 밖에서 이루어지는 모든 성적 행위를 말하는 것인지 성폭행을 말하는 것인지 불분명하다는 이야기야.

계약 규범을 보면 처녀와 성관계를 할 경우, 그 처녀와 결혼을 하거나 몸값을 지불해야 한다고 나와. 간음이 아닌 거지. 그리고 구약성경을 보면 매춘은 아예 간음으로 보지 않잖아.

여러 가지로 현대적 개념과는 많이 다르지. 민수기에선 좀 더 구체적으로 근친상간이나 수간, 이웃의 아내와의 간통을 거론하고 있어. 결국 이웃의 아내와 간통 외에는 이 계명을 적용할 만한 적절한 사례가 마땅하지 않아. 그래서 많은 학자가 이 계명을 가정 보호라는 차원으로 설명하고 있어. 이웃의 아내와 간음하는 것은 가정파괴이고 가정의 권리를 침해한다고 보는 거지. 가능한 해석일 거야.

하지만 우리는 이 계명들이 품고 있는 본래 이야기에서부터 출발해보자. 이집트 종살이에서 빼앗기는 인생을 살아온 이스라엘 백성을 위한 계명이라는 것을 잊지 말아야 해. 지배와 착취가 재산을 빼앗고, 성을 빼앗고, 목숨을 빼앗는 방식으로 진행된다는 것은 상식 수준에서 알 수 있는 거잖아. 목숨만 빼앗는 지배란 것은 없어. 목숨까지 빼앗을 수 있다는 것은 빼앗지 못할 게 없다는 얘기야. 부당한 권력 지배자들에게 성 착취는 마치 지배 매뉴얼 같은 거지. 이 계명이 이런 아픔에 대한 이스라엘 백성의 성찰적 기억이라면, 아마도 이 계명은 성 착취와 성폭행에 대한 금지라고 봐야 하지 않을까?

성이란 사람이 지닌 또 다른 차원의 생명이야. '인격적 성'이란 말을 쓰잖아. 사람이 태어나면서부터 지니고 있고 떼어낼 수 없는 게 있다면 그게 모두 생명의 조건이라고 보면 돼.

목숨이 그렇듯 성도 그렇지. 그래서 성에 대한 폭행은 생명과 인격에 대한 폭행이고 훼손인 거야. 결국 사람들 관계의 중심이 생명이어야 한다면, 이 계명은 성도 역시 생명으로서 존중받아야만 한다는 명령이지 않을까? 지금도 잘 지켜지지 않는 건데 그 옛날에 이스라엘 백성은 이 계명을 어떻게 풀어나갔을까? 성폭행 문제는 예나 지금이나 당당하게 밝히기 힘든 아픔이잖아.

"간음해서는 안 된다"라는 계명은 그저 단순하고 짧은 문장이지만, 그 속에서 이스라엘 백성은 자신들이 겪어왔던 말할 수 없는 아픔을 마주하게 되었을 거야. 그리고 자신들만은 그런 폭력을 되풀이하지 않겠다고 다짐했겠지. 이 계명 속에선 왠지 숨겨진 아픔 같은 것이 느껴지네. 비슷한 고통을 겪어 낸 우리 아이들이 자꾸 떠올라서 그런가?

◆

노동을 인격적 생명으로 볼 수 있을까?

여덟 번째 계명은 "도둑질해서는 안 된다"라는 말씀이야. 이 계명도 난처하긴 마찬가지네. 목적어가 없잖아. 무엇을 훔치지 말라는 얘기일까? 사람의 마음을 훔쳤다고 죄가 되지는 않을 거잖아. 반대로 당시에는 인신매매까지도 성행했다고 하니까 납치까지도 염두에 두어야 할 정도로 범위가 너무 넓어. 가장 일반적인 접근을 해보는 게 낫겠어.

먼저 생각할 수 있는 것은 타인의 재산에 대한 도둑질이겠지. 남의 재산을 훔치는 건 왜 나쁜 걸까? 너무 근본적인 질문이니? 그래도 여기서부터 따져볼 필요가 있을 거야. 우리 아이들이 똑같은 질문을 할 때가 있잖아. 그럴 때마다 나쁜 것은 나쁜 거라는 형태의 대답에서 벗어나지 못하지 않았니? 도둑질이 나쁜 이유는 사유재산이 노동과 연관되어 있기 때문이야. 사람은 노동을 통해서만 육체적 생명을 유지할 수 있고, 이를 위해 재산을 갖는 거잖아. 노동의 결실이며 대가가 바로 재산이라는 거야. 그래서 타인의 재산에 대한 도둑질이나 착취는 노동에 대한 도둑질이고 착취가 되는 거지. 더 나아가면 인간 생명에 대한 훼손이 되는 거고.

단지 주의할 것은 이 계명이 좀도둑에게만 적용되는 말씀이 아니란 점이야. 모두에게 적용되는 거라면, 보다 힘 있는 이들에게는 더 큰 소리로 들려야 할 말씀일 거야. 힘이 있는 사람의 도둑질일수록 한계가 없잖아. 예언서를 보면 힘 있는 자들이 힘없는 이들의 재산을 빼앗는 도둑질에 대한 질타가 쉴 새 없이 나와. 예언자 나탄이 다윗 임금에게 들려준 이야기를 보면, 많은 가축을 가진 이가 암양 한 마리만 가진 이에게서 그 양을 빼앗잖아. 계약 규범을 보면 오히려 힘없는 이들이 하는 도둑질에 대해선 다른 민족들의 법규에 비해 관대하다는 걸 알 수 있을 거야. 다른 고대 규범들은 절도나 도둑질에 대한 처벌로 손을 자르는 등 육체를 훼손하는 형벌을 규정해. 하지만 계약 규범에서는 해가 뜬 다음 들어온 도둑을 죽이면 살인죄가 된다고 정한다거나, 물건을 훔쳤을 때는 물건의 갑절로 갚으라고 규정하고 있잖아.

아무래도 이 계명은 큰 도둑에게 큰 소리로 말하고 있는 거 같아. 계약 규범 안에 있는 손해 배상법을 보면 재미난 것을 발견할 수 있어. 소나 나귀와 양이나 어떤 분실물을 두고 서로 자기 것이라고 주장하는 일이 생기면 판결을 받아야 하는데 유죄 판결을 받은 사람, 즉 자기 게 아닌데도 자기 거라고 우긴 사람은 상대방에게 갑절로 배상을 해야 한다고 정해놓고 있어. 큰 도둑들은 힘이 있어 남의 것을 자기 것이라고 우겨도 된다고 여기는 사람들일 거야. 이집트 종살이의 핵심이 강제 노역이었다면 이스라엘 백성은 노동을 통째로 도둑질당했던 경험을 지니고 있었을 거야. 큰 도둑이 뭔지 너무도 잘 알지 않았을까?

우리 아이들을 어떻게 가르칠까?

계약의 세 번째 내용에 나오는 계명들은 육체적 생명의 무게에 따라 나열되고 있어. 하지만 현실에선 거꾸로 노동, 성, 생명이란 수순으로 폭행과 착취가 진행될 거야. 이런 과정들이 우리 아이들이 우리 집에 들어오기 전에 겪어낸 시간이란 생각을 해봤니? 노동으로, 성폭행으로, 죽음의 공포로 내몰렸던 시간 속에 있었던 아이들을 우리는 어떻게 가르쳐야 할까? 우리는 잘 가르치고 있는 걸까? 반성할 게 너무 많다.

빼앗기는 인생을 살아온 아이들에게 빼앗지 않는 길을 제대로 보여주고 있는 건지, 또 그런 삶을 위해 애쓰는 아이들의 힘든 선택을 충분히 칭찬해주었던 건지 모르겠어. 성을 경험했거나 성에 대한 호기심으로 가득한 아이들과 남자 문제로 매번 싸우긴 해도, 그 아이들에게 성의 인격과 생명에 대해 제대로 가르쳐 준 적은 있었나? 도난 사건이 생기면 죽어라 하고 범인을 색출했어도, 왜 훔치면 안 되는 건지 설명을 해준 적이 없었던 거 같아. 그냥 나쁜 거라고 큰소리칠 때마다 아이들은 무슨 생각을 했을까?

예전에 한 녀석이 도둑질을 하고는 혼내는 선생님마저 비웃기에 방에 불러다 호되게 겁을 주었더니, 아이가 있지도 않은 자기 아빠가 와서 훔친 것을 갚아줄 거라고 하더라. 마음 한쪽이 쓰라려서 돌려보낸 적이 있었지. 그 아이는 다만 물건에 대한 손실로 내가 화가 났다고 여겼던 거야. 훔친다는 게 타인의 노동과 생명을 훔치는 일이란 걸 알기엔 너무 어렸겠지. 그런 자신을 아파하는 또 다른 사람이 있다는 걸 알기에는 살아온 길이 너무 험했을 거고. 다시 차근차근 아이들에게 사람 관계에는 무엇이 중심이 되어야 하는지 가르쳐보자. 참 할 일이 많지?

편지 27

계약 내용 4, 관계의 새로운 질서

탈출 20,1-23,19

◆

사회적 생명은 왜 중요할까?

이스라엘 백성이 따라야 하는 계약 조건의 마지막 내용은 사회적 생명 보호에 대한 말씀이야. 사람은 사회 안에서 태어나 사회 안에서 살아야 하는 존재라서 사람에겐 육체적 생명과 함께 사회적 생명이란 게 있어. 사회적 생명이란 개인이 사회의 구성원으로 정당하게 인정받을 수 있는 자격이라고 보면 돼. 그런데 사회는 아주 특별한 경우에 한해 개인의 사회적 생명을 박탈하는 권한을 행사하기도 해. 만약 누가 자신의 공동체에서 커다란 해를 끼쳤을 경우를 생각해봐. 그 사람을 자신의 공동체에서 제외하거나 격리하게 되겠지. 아주 작게는 모임 안에서 이루어지는 회원 자격 취소가 있겠고, 국가라는 차원에서 보면 시민권 박탈과 같은 영구적 박탈이나 범죄인을 대상으로 하는 일시적 박탈 등이 있을 거야. 사회적 생명의 박탈이란 그 사회가 주는 어떤 혜택이나 법적 보호를 받을 수 없다는 뜻이라고 보면 돼. 그래서 사회적 생명에 대한 박탈은 아주 신중하게 다뤄져야만 해.

하지만 문제는 육체적 생명에 대한 '부당한 살인'이 있듯이 사회적 생명에도 '부당한 박탈'이 있다는 점이야. 이스라엘 백성은 이런 사회적 생명의 부당한 박탈을 너무도 잘 알고 있던 사람들이었어. 하루아침에 그들의 이웃이 그들을 노예로 만들어버린 사건을 겪었잖아. 당시 노예란 동물들과 다르지 않은, 움직이는 소유물로 분류되는 신분이었어. 그렇게 자유인에서 노예로 사회적 생명을 부당하게 박탈당했던 일을 뼈저리게 겪은 이스라엘 백성이었다면, 이제 그런 일이 적어도 자신들 안에서는 되풀이되지 않을 방법을 고민했을 거야. 마지막 계명들은 바로 그런 고민과 성찰의 결과로 보여. 이 계명들이 무엇보다 억울한 재판과 억울한 채무를 다루는 이유가 거기 있을 거야. 전쟁 노예를 제외한다면 고대 사회에서 노예의 수급은 범죄로 인한 처벌과 채무로 인한 변상의 차원에서 이루어졌거든.

사회적 생명은 재판으로 보호될까?

사회적 생명의 합당한 박탈이 필요하다면 반드시 공정한 재판을 통해서만 이루어져야 해. 이스라엘 백성은 재판 과정 없이 하루아침에 노예가 된 거잖아. 하지만 문제는 재판이 이루어진다고 해도 부당하게 진행될 수 있다는 점이야. 사람들의 탐욕이 개입되면 아무리 좋은 법도 소용없게 되거든. 공정한 재판을 위해선 우선 재판관의 자질이 중요하겠지. 계약 규범에는 재판관이 지켜야 할 꽤 많은 원칙이 나와. 재판관은 다수가 원한다고 정의를 왜곡해서도 안 되고, 힘 있는 사람이라고 해서 우대해서도, 또 힘없는 사람이라고 해서 동정해서도 안 된다는 원칙을 밝히고 있어. 나아가서 거짓 고소나, 가난한 이들의 권리를 무시하는 일이나, 재판을 할 때 받는 뇌물 등을 문제시하고 있지(23,1-9). 모두에게 공정하고 자신의 이익을 구하지 말아야 한다는 거야. 예나 지금이나 공정한 재판을 하는 데 제일 중요한 사항들인데, 가장 잘 지켜지지 않는 부분이기도 할 거야.

공정한 재판을 만드는 두 번째 요소는 증인의 공정성이야. "이웃에게 불리한 거짓 증언을 해서는 안 된다"라는 아홉 번째 계명은 단순히 개인의 거짓말이나 도덕적인 잘못이란 차원에 머물지 않아. 증언은 재판의 가장 중요한 증거잖아. 그래서 어떤 사적인 감정이나 자신과의 관계, 혹은 탐욕이나 뇌물을 이유로 거짓 증언을 하게 된다면 그것은 타인의 사회적 생명뿐 아니라 심한 경우엔 타인의 목숨까지도 빼앗는 범죄인 거야. 재판의 결과에 따라 죽임을 당할 수도 있고, 명예가 무너질 수도 있고, 공동체에서 추방될 수도 있는 거잖아. 법정 증언이 그만큼 중요하기 때문에 신명기에 따르면 유죄를 위해서 둘이나 셋의 동일한 증언이 필요하고, 거짓 증언을 한 사람에 대해선 어떤 동정도 없이 처벌해야 한다고 규정하고 있어(신명 19.15-21). 그만큼 거짓 증언이 갖는 무게가 무겁다는 거지.

왜 거짓 증언을 하는 걸까?

우리 아이들이 하는 거짓말은 대부분 자기가 해놓고 안 했다는 식의 거짓말들이잖아. 거짓 증언은 이런 거짓말과 다른 거야. 사건 당사자의 거짓말이 아니라 그것을 보았던 사람의 거짓말인 거지. 이런 구분을 해놓고 보면 거짓 증언이란 게 매우 탐욕스러운 행동이란 걸 알게 될 거야. 어떤 감정이나 이권 관계가 얽혀 있는 행동이란 거지. 이권 관계에 얽힌 거짓 증언은 위험하긴 해도 밝혀내면 처벌할 수가 있어. 더 큰 문제는 감정과 집단 연대로 얽힌 거짓 증언이야. 그래서 계약 규범에서 보면 거짓 증언과 원수에 대한 처신을 함께 다루고 있어. 거짓 증언에 대한 경고를 다루다가 느닷없이 길을 잃고 헤매는 원수의 소나 나귀를 보면 임자에게 데려다주라는 이야기를 하질 않나. 미워하는 자의 나귀가 짐에 눌려 쓰려져 있으면 일으켜 주어야 한다는 이야기가 튀어나오고 있어. 미워하거나 원수의 집단에 속한 사람들이라고 해서 그에게 악을 행할 수는 없다는 거겠지.

예전에 조셀린 증언 사건 기억나니? 주방에서 음료수가 없어졌다고 저녁 후에 식당에서 아이들 전체 회의를 열었는데 모두가 조셀린을 지목했고 조셀린도 훔친 것을 인정했다가, 다음날 주방 담당하는 아이가 숫자를 몰라서 생긴 해프닝이란 게 드러났잖아. 전과가 있던 조셀린은 모두가 자신을 지목하니까 그냥 인정해버린 거지. 스스로 인정을 하면 우리 집에선 특별한 벌칙이 없다는 것도 한몫했고. 그 덕분에 아이들이 모두 한 명씩 조셀린에게 사과를 하는 거대한 예식을 거행하게 됐잖아. 모든 법의 기본은 무죄 추정 원칙에 있다는 걸 알고 있니? 죄가 없을 거란 추정에서 출발해야 하는 거야. 그런데 미움의 관계가 생기면 보지도 알지도 못하지만 그 사람이 꼭 그랬을 거 같다는 생각이 들게 돼. 유죄를 추정하는 거지. 조셀린 경우가 바로 그랬어.

감정과 이해관계로 얽혀 있는 세상에서, 미워하는 이들의 불행을 끝까지 목격해야만 속이 풀리는 독한 세상에서, 미워하는 이에게 유리한 참된 증언을 하는 세상이 가능할까? 감정과 묵은 상처에도 불구하고 그의 사회적 생명을 지켜주려는 행위가 가능할까? 원수를 사랑하는 일은 그에게 남들보다 더 해주라는 말이 아니라 정당하게 대우하라는 말일 거야. 그것이 서로가 서로에게 원칙이 되어야만 사회적 생명이 존중받을 수 있는 세상이 되겠지.

마지막 선을 지킬 수 있을까?

이제 마지막으로 열 번째 계명을 보자. "이웃의 집을 탐내서는 안 된다"라는 말씀이야. 이 말씀도 사회적 생명의 보호라는 맥락 속에 있어. 사회적 생명의 부당한 박탈은 부당한 채무 관계에서도 발생하게 되거든. 여기서 나오는 집이란 당시에 소유의 공간을 말하는 거야. 뒤따라오는 "이웃의 아내나 남종이나 여종, 소와 나귀 할 것 없이 이웃의 소유는 무엇이든 탐내서는 안 된다"라는 말씀은 다른 게 아니라 집 안에 있는 모든 소유를 하나하나 가리키는 표현이라고 보면 돼. 그래서 집을 빼앗는다는 것은 그의 모든 소유를 빼앗는다는 뜻이 될 거야. 집을 빼앗긴 사람은 단순히 소유의 일정 부분을 잃는 게 아니라 온 재산을 잃은 사람인 거지. 그리고 당시의 관습에 따르면 모든 소유를 잃은 사람은 생계를 위해 타인의 노예가 될 수밖에 없었어. 이제 왜 이 계명이 "도둑질해서는 안 된다"라는 계명과 구분되는지 알겠니? 이 계명은 신분의 부당한 박탈을 다루고 있는 거야.

그러면 '탐욕'이란 표현도 살펴볼까? 여기서 쓰인 하마드 *hamad*라는 히브리말 동사는 '탐하다'라는 뜻으로 상당히 강한 소유 충동을 가리키는 말이래. 강한 소유 충동이라고 해도 내적인 영역에 해당하는 것을 어떻게 법령에 포함할 수 있었을까? 마음을 처벌할 수는 없는 거잖아. 그만큼 자신의 탐욕을 위해 타인의 사회적 생명을 빼앗는 일에 대해서만은 그 마음에 있는 어떠한 작은 싹조차 용납할 수 없다는 하느님의 강한 의지를 표현하려고 했던 게 아닐까?

필요한 것을 얻기 위해 노동을 해야 하고 노동을 통해 자신의 재산을 만들어가는 일이 세상을 살아가는 방식이라면, 그 방식 안에서 서로 자신의 재산을 늘리고 지키기 위해 부딪히는 일 역시 피할 수 없겠지. 하지만 아무리 싸우고 부딪혀도 그 싸움 안에 넘지 말아야 할 선이 있어야 하지 않을까? 타인의 마지막 사회적 생명까지는 빼앗지 말아야 한다는 거지. 살기 위해 어쩔 수 없이 돈을 가지고 누구와 싸워야 한다고 하더라도 거기엔 선이 있어야 한다는 거야. 그 선을 넘어서까지 욕심을 낸다면 그게 바로 탐욕이겠지. 법적으로 문제가 없는 일이었다고 항변을 해도 그건 그저 합법적 탐욕일 뿐이지 않을까?

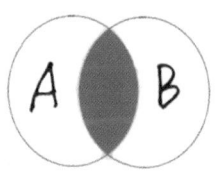

내 연민과 탐욕의 교집합은
갈등일까?
변명일까?

계약 규범을 보면 넘지 말아야 할 이 '선'에 대한 이야기가 제법 많아. 물질적으로 가난한 이들에겐 돈을 꾸어주면 채권자 행세를 하지 말고 이자를 물리지도 말라는 말씀, 겉옷을 담보로 잡았으면 해가 지기 전에 돌려주라는 말씀들을 새겨들어봐. 적어도 이런 선을 지켜내는 일이 사람이 갖춰야 할 사람에 대한 예의이지 않을까? 적어도 같은 사람의 몰락만은 보지 않으려는 예의 같은 것 말이야. 사람에 대한 이 예의가 바로 '자비하신 하느님'(22,26)이 원하시는 사람과 사람의 관계 속에 있어야 하는 원칙이고 질서이지 않을까?

걸음 여덟

동행을 꿈꾸시는

하느님

탈출 23,20 - 31,11

하느님은 이스라엘 백성과 사랑의 계약을 맺습니다. 약속이 아니라 계약이라는 것은 주고받을 것을 명확히 하자는 뜻이 아닙니다. 사랑에 대한 충실한 의무를 표현하려는 것이지요. 사랑은 약속만으로 지켜질 수 없으니까요. 하느님은 이스라엘 백성과 변하지 않는 사랑을 꿈꾸고 있습니다. 적어도 서로가 서로를 버리지 않을 사랑을 만들고자 합니다. 그래서 이 사랑의 계약은 혼인식을 닮았습니다. 서로에게 사랑의 의무를 지우고 사랑의 권리를 주장할 수 있는 혼인식 같습니다. 모든 혼인에는 동행의 삶이 놓이듯이 이제 하느님은 이스라엘 백성과 동행을 준비합니다.

탈출기 후반부를 채우고 있는 성막 이야기를 마주하면 누구나 딱딱한 설계도를 읽어내는 느낌이겠지요. 그래도 문장 너머 동행에 들뜬 하느님의 눈빛이 함께 느껴져서 이 지루한 글을 따라가게 됩니다. 이스라엘 백성 한가운데에 머무르며 그들의 아픔과 기쁨을 함께하시겠다는 하느님의 마음을 떠올려봅니다. 성막 제일 중심엔 계약의 계명이 담긴 궤를 놓으라 합니다. 사랑의 계약이 혼인의 중심이라는 뜻이겠지요. 하느님은 이스라엘 백성과 신혼집을 꾸리고 계신 듯합니다. 지루할 만큼 세세하게 이어지는 성막에 대한 지시는 기쁜 마음으로 동행의 거처를 하나하나 꾸미고 계신 하느님의 사랑 노래일 수 있습니다. 듣고 있는 제가 지겨울 정도입니다. 하느님과 이스라엘 백성이 살아갈 집이라서, 둘이 나누는 사랑 노래라서 제가 감히 조금만 대충하시라고 훈수를 둘 수 없는 자리 같습니다.

편지 28

계약 체결, 사랑의 언약

탈출 23,20-24,18

이제 하느님과 이스라엘 백성의 계약 체결 의식이 거행될 거야. 계약이란 말을 쓴다는 건 이는 계약 당사자인 양쪽 모두에게 각각 이행할 책임 조건이 있다는 얘기겠지. 이스라엘 백성이 이행할 책임은 한마디로 거룩한 민족이 되어야 한다는 거야. 십계명과 계약 규범들은 거룩한 민족이 되기 위한 세세한 지침이라고 보면 돼. 그렇다면 하느님이 이행하실 책임은 무엇일까? 가나안 땅을 마련해주겠다는 약속이야. 계약 체결을 진행하기 전에 하느님은 이 땅에 대한 약속을 다시 이스라엘 백성에게 알려주셔. 자기 소유가 없는 노예의 삶을 살았던 이스라엘 백성에게 이보다 더 큰 선물을 없을 거야. 이 약속의 땅은 다만 땅이란 경제적 가치에만 의미를 두지 않아. 이 땅에서 물과 양식, 치유와 다산, 그리고 장수를 누리게 하겠다는 하느님의 약속이 더 중요할 거야. 광야 생활 내내 그들을 불안하게 했던 모든 것을 하느님이 채워주시겠다는 거잖아.

그런데 이 약속을 보면 의아한 게 있네. 이 땅에 살던 부족들을 내쫓고 그 땅을 차지하게 된다는 이야기는 뭔가 강탈하는 느낌이 들지 않니? 하지만 이 이야기에서 중심으로 읽어내야 하는 건 가나안 땅에 정착하더라도 그들의 신을 섬기지 말아야 한다고 강조하는 내용이야. 그들의 신은 풍요의 신이고, 그 신을 섬기게 되면 이스라엘 백성과 함께 꿈꾸어야 하는 새로운 세상은 불가능하다는 거지. 지금까지 이야기해왔던 삶의 새로운 중심과 관계의 새로운 중심들이 다 무너지게 될 거란 거야. 이래서는 그들과 함께 살 수 없다는 점을 강조하고 있다고 보면 돼. 사실 가나안 정착 이후에 이스라엘 역사를 보면 가나안 토착민들의 아세라 숭배로 엄청난 타락을 겪었거든. 탈출기 편집자는 이런 역사의 아픔을 반추하면서, 이 자리를 통해 아예 그들의 신과 그들 부족과는 절대 섞이지 말아야 한다고 못 박고 있는 거야.

세 번이나 동의해야 했을까?

이제 계약 체결을 위한 계약 조건들이 구체적으로 밝혀졌어. 이스라엘 백성은 거룩한 민족이 되어야 하고 하느님은 그런 이스라엘 백성에게 땅을 허락하실 거라는 계약이야. 계약 조건을 밝혔으니, 다음 순서는 양쪽의 동의지. 예나 지금이나 계약 체결에서 제일 중요한 부분이야. 하느님이 제안한 계약이기 때문에 이스라엘 백성의 동의만 있으면 돼. 이 동의는 중요한 만큼 계약 준비 단계에서, 계약 체결 전에, 계약 체결 의식 안에서 세 번에 걸쳐 이루어지고 있어. 하느님이 이스라엘 백성을 못 믿어서가 아니라 혼인식을 떠올려보면 이해할 수 있을 거야. 결혼 수락을 프러포즈 때, 약혼식 때, 결혼식 때 세 번에 걸쳐서 하잖아. 이 동의가 그만큼 중요한 거라서 확인하고 또 확인하는 거지.

이스라엘 백성 입장에선 손해 볼 게 하나도 없는 계약이니까 쉽게 동의할 거라고 여길 수도 있으려나? 그렇게 쉬운 거면 세 번씩이나 확인할 필요가 없었을 거야. 아무리 좋은 조건이라도 일단 계약을 하면 그때부터는 자기 맘대로 할 수 없고 정해진 규칙을 따라야 해. 일단은 피곤한 일이 될 거야. 아이들을 보면 그렇잖아. 공부만 하면, 생활 규칙만 지키면 다 해줄 거라는 말을 그리도 따르기 힘들어하는 걸 봐. 규칙 없이 그냥 필요한 거 조금만 해달라고 하잖아. 모든 사람은 자기 멋대로 할 수 있는 걸 제일 큰 행복이라고 여기거든. 그런데 이제 이스라엘 백성은 자기 멋대로 하고 싶은 욕망과 싸워야 하고, 싸울 의지도 키워야 할 거야. 그래서 이 동의는 모세가 대변할 수가 없어. 백성 모두의 동의, 한 사람 한 사람의 동의가 필요한 거지. 거기다 그 자리에 서 있는 이스라엘 백성뿐 아니라 그들의 자손들에까지 유효한 계약이란 사실을 생각한다면 신중해야 하고, 하느님 편에서도 세 번에 걸쳐 확인할 필요가 있었을 거야. 다행히도 이스라엘 백성은 세 번에 걸쳐 한목소리로 "주님께서 하신 모든 말씀을 실행하겠습니다" 하고 말하고 있어.

사랑의 언약으로 볼 수 있을까?

세 번에 걸친 동의뿐 아니라 다른 면에서도 이 계약 체결 의식은 혼인예식과 많이 닮았어. 흔히 성서학자들은 시나이 계약 체결 의식이 고대 근동의 주종主從계약 형식을 취하고 있다고 말해. 하지만 그렇게 받아들이기엔 이 의식 전체를 관통하는 사랑이나 기쁨을 표현하기에 부족하다고 느껴지네. 고대 근동의 주종계약이란 패권에 따른 지배와 섬김이란 구조로 이루어진 일방적 계약이라고 보면 돼. 그래서 주종계약의 핵심은 힘의 지배라고 할 수 있어. 물론 시나이 계약도 힘의 균형이란 측면에선 하느님의 절대성이 강조되고 있지. 하지만 그 계약 속엔 힘의 지배가 중심을 이루기보다 서로 간에 오가는 사랑과 감격이 보이잖아. 비록 형태적 측면에선 하느님이 주도하는 주종계약이라고 할 수 있지만 적어도 내용적인 측면에선 하느님이 주도하는 혼인 계약으로 볼 수 있을 거야.

혼인예식이라고 보기엔 제단에 번제물을 올리고 피를 제단과 백성에게 반반씩 나눠서 뿌리는 행위가 너무 잔인한 거 아니냐고 여길지도 모르겠다. 당시에 규모 있는 계약 체결을 위해선 이렇게 소를 두 동강 내는 의식을 많이 거행했다고 해. 피는 계약의 엄숙함을 드러내는 방식이었을 거야. 생명을 건 약속이니 계약의 파기는 죽음의 징벌로 이어질 거란 뜻이었겠지. 그래서 이 번제물을 바치고 피를 뿌리는 행위는 계약의 신중함과 엄숙함을 드러낸다고 보면 돼. 그런데 사실 모든 사랑의 언약도 피의 언약이지 않나? 혼인예식 중에 "검은 머리가 파뿌리가 될 때까지" 혹은 "죽음이 우리를 갈라놓을 때까지"

라는 표현을 쓰잖아. 화사한 혼인식에 어울리지 않는 죽음에 대한 표현이라고 여길 수도 있지만 죽음에 이르기까지 약속을 지키겠다는 뜻일 거야. 일종의 피의 의식인 거지. 시나이 계약 안에서 이루어지는 피의 의식이란 보다 절대적인 계약의 엄숙함을 표현하는 거라고 보면 돼. 여하튼 너희는 이 시나이 계약이 하느님과 이스라엘 백성의 혼인 계약이며 사랑의 계약이란 차원을 잊지 않았으면 좋겠어.

그런데 이스라엘 백성은 이 계약에 담긴 무게를 확실하게 알고는 있는 걸까? 하긴 그 무게를 다 알아서 결혼하는 것은 아니니까. 피의 의식 다음에는 기쁨의 잔치가 이어져. 혼인식 피로연 같은 기분이야. 이것도 당시 계약 관습 중의 하나였다고 해. 음식을 함께 나눈다는 것은 이제 생명을 공유하는 관계라는 것을 의미해. 죽을 때까지 헤어질 수 없는 관계라면 더욱 친밀해져야 하니까. 죽음의 무거움과 삶의 친밀함이 함께 있는 것이 바로 계약의 모습이고 사랑의 언약이겠지. 친교의 만찬에는 칠십 명이나 되는 이스라엘의 원로들이 참석해. 특이하게도 이 원로들은 하느님을 직접 뵙고 먹고 마셨다고 하네. 성경 전체에서 모세 이외에는 하느님을 대면한 적이 없는데 여기선 단체로 하느님과 만나고 있어. 이런 대면이 꼭 필요했던 이유는 계약이든 혼인이든 당사자 간에 직접 이루어져야 하기 때문일 거야. 모세와 하느님의 계약이 아니라 이스라엘 백성과 하느님의 계약임을 분명하게 하는 거지. 다만 이스라엘 원로들이 본 하느님의 모습에 대한 설명은 나오지 않아. 하느님의 발밑에 마치 맑은 하늘 같은 청옥이 있었다고만 알려줘. 아마도 그들은 경외심에 고개를 들지 못했고 발아래만을 보고 있었나 봐. 이제 계약 체결 의식은 다 마쳤어. 모세만 따로 하느님이 새겨주시는 계약 내용을 담은 돌판을 받기 위해 사십 일간 산에 더 머무르게 돼.

　이 계약 체결 의식은 무거운 사랑의 언약이라고 볼 수 있어. 하느님과 이스라엘 백성의 계약 자체가 소명 이야기라고 했잖아. 거룩한 민족이 되어야 한다는 소명 말이야. 이 예식은 그 길을 시작하는 소명의 언약이고 사랑의 언약일 거야. 혼인이 서로 사랑하겠다는 소명이고 언약이듯이 시나이 계약도 그렇다는 거야. 그래서 훗날 많은 예언서에서 이스라엘 백성의 타락을 간음한 여인에 비유하게 돼. 하느님의 이스라엘 백성에 대한 사랑은 참 묘하다. 온전한 사랑이란 그런 건가? 온전한 사랑은 부모도 되고 연인도 되는 그런 건가? 하긴 나도 밖에 나가서 사는 딸들이 자주 안 온다고 삐질 때가 있더라. 속 좁은 거 같아서 미안했는데 그것도 사랑이라고 당당하게 말해도 되려나? 관두는 게 낫겠지? 욕먹겠어.

반지를 약지에 끼는 이유는
약지가 심장에 연결되어 있다는
믿음 때문이란다.

사랑은 참 결연하다.
나한테 하트를 날리는 아이들이
갑자기 부담스러워진다.

편지 29

성막 지시 1, 동행의 이유

탈출 25,1-31,11

◆

읽기 힘든 글들은 어떻게 읽을까?

하느님과 이스라엘 백성의 계약이 사랑의 언약이란 느낌이 강하게 드는 또 하나의 이유는 계약 체결에 이어서 나오는 성막 이야기 때문이야. 성막은 하느님이 직접 이스라엘 백성과 함께 길을 떠나기 위한 이동식 거처라고 보면 돼. 단순히 규범에 대한 계약이었다면 하느님이 이스라엘 백성과 동행할 이유가 없을 거야. 이스라엘 백성이 규범을 잘 지키는지 확인만 하면 되겠지. 그런데 하느님은 이스라엘 백성 속으로 들어가 그들과 함께 지내고 함께 걷길 원하고 계셔. 사랑의 언약과 평생 동행이란 혼인 관계가 이루어진 거 같지 않니?

하느님은 성막을 어떻게 지을 것인가를 아주 세세하게 지시하셔. 너무 자세하게 지시하셔서 읽기가 힘들 정도니 재미도 없을 거야. 성막에 대한 지시를 읽을 땐 어떤 재료를 쓰고 치수가 얼마나 되는지와 같은 내용은 그냥 눈으로만 훑어도 돼. 그런 것을 다 따라가다가는 지쳐서 읽을 수가 없을 거야. 그보다도 이렇게 지시하시는 하느님의 모습을 상상해보는 게 더 중요해.

듣는 사람은 지루해 죽겠는데도 쉬지 않고 하나하나 당신이 이스라엘 백성과 함께하실 거처에 대해 성실하게 말씀하시는 하느님의 모습이 그려지지 않니? 들뜨신 거야. 즐거운 열정에 잠긴 모습 같지 않니? 설렌 하느님의 마음을 생각하면서 성막 이야기들을 그냥 입술로 따라 읽어보니까 살짝 웃음도 나고 마음 한쪽이 따뜻해지더라고. 너희도 한번 해봐. 하긴 안 봐도 훤하지. 봄이는 절대 하지도 않을 거고 다솜이는 따라 했다가 허망해하면서 속았다고 짜증낼 거고, 지은이는 이 정도면 그나마 재미가 있는 거라며 제 속을 달래겠지.

혹시 그렇게 해도 재미가 없으면 또 다른 사람들의 마음을 떠올려볼 수도 있어. 설계도를 글로 써놓은 듯한 성막 이야기를 가슴 벅차게 읽었던 사람들이 있었거든. 아주 훗날 바빌론 유배를 마치고 돌아온 사람들이야. 이들은 바빌론 제국에 의해 몰락하는 유다를 지켜봤고, 더군다나 하느님이 돌보고 계신다고 믿었던 예루살렘 성전이 침입자들에게 파괴되는 것을 목격했던 사람들이었어. 그리고 포로로 바빌론 땅에까지 끌려가 긴 유배 생활을 했던 사람들이었지. 이들은 유배 생활 내내 어떻게 하느님이 당신의 백성과 당신의 거처인 예루살렘 성전이 무너지도록 내버려둘 수 있었는지를 고뇌했을 거야. 하느님이 정말 계신다면 어떻게 당신의 집이 허물어지도록 내버려둘 수 있었겠느냐는 거지.

그 뼈아픈 유배 생활 동안에 그들이 도달한 결론은 하느님이 자신들을 버리신 것이 아니라 자신들이 먼저 타락하여 하느님과의 계약을 저버렸다는 것이었어. 그래서 바빌론 제국의 몰락과 함께 긴 유배를 마치고 자신들의 땅으로 돌아온 그들은 제일 먼저 다시 성전을 짓기 시작했대. 다시는 하느님과의 계약을 잊지 않고 하느님을 버리지 않을 거라는 다짐 속에서 하느님이 머무르실 예루살렘 성전을 다시 짓기 시작한 거지. 그들이 바로 탈출기를 최종 편집하고 정리한 사람들이야. 그래서 이 성막의 모습이나 수치들은 예루살렘 성전의 축소판이라고 봐도 돼.

그러니 너희도 그들이 성막에 대한 자료를 읽고 정리하던 순간에 흘렸을 눈물이나 심장 뛰는 감동을 떠올리면서 읽어볼 수 있을 거야. 그들에게 성막 이야기는 타락했던 과거에 대한 아픔, 죽어가던 동료들의 모습, 유배의 긴 고통 그리고 용서를 받으려는 간절함과 다시 기회의 출발선에 서 있게 된 감격 같은 수많은 마음이 얽혀 있는 이야기였을 거야. 뭐 그래도 재미없다면 할 수 없지만, 글을 읽을 때 글 속에 담긴 사람들의 마음뿐 아니라 글에 얽힌 사람들의 마음도 헤아리면서 읽어내야 한다는 것만이라도 알아둘래?

만남의 자리란 어떤 의미일까?

이제 읽을 준비가 조금 됐으면 좀 더 구체적으로 성막의 의미에 대해서 살펴볼까? 성막은 하느님의 거처이자 하느님과 이스라엘 백성이 만나는 자리라고 할 수 있어. 어찌 보면 최초의 성전이라고 할 수 있겠지. 성막 구조에서 제일 중요한 곳은 계약의 돌판을 담은 궤를 모셔두는 장소라고 해. 그 계약의 궤 위로 하느님이 이스라엘 백성을 만나러 내려오시는 거야. 탈출기 안에서 보면 성막 이전에 하느님을 만난 곳은 오직 시나이 산뿐이야. 산이라는 한정된 지역에서만 만남이 이루어졌어. 비단 탈출기만 그렇게 표현한 게 아니야. 고대 근동지역에서 산은 신들의 집으로 여겨졌거든.

그런데 하느님이 성막 안에 머무신다고 하니 기존의 신앙 형태에 엄청난 변혁이 일어날 수밖에 없었어. 하느님이 산이란 거처에서 백성 한가운데로 내려오신 거니까. 이제 이스라엘 백성은 하느님을 만나러 산을 오르지 않고 성막을 찾게 될 거야. 이로 인해 하느님과 이스라엘 백성이 만나는 형태도 달라져. 산 위의 하느님은 당신이 부르시지 않는 한 만날 수 없는 하느님이었다면, 이제는 언제든 찾아갈 수 있는 하느님이 된 거잖아. 자신들 안에서 자신들과 동행하시는 하느님이란, 자신들의 소리를 가까이서 듣는 하느님이고, 자신들이 찾아가 하소연할 수 있는 하느님이고, 나아가 자신들과 운명을 같이 하시는 하느님이라는 뜻이지.

성막을 짓고 거기에 거처하려는 하느님은 이스라엘 백성에게 그런 하느님이 되고 싶으셨나 봐. 그러니까 성막 건설 이야기에 나오는 온갖 재료에 대한 규정들을 가지고 너무 까탈스럽다고 뭐라 하지 마. 백성 속으로 들어가 그들과 함께하려는 하느님이 마치 신혼집을 꾸미는 중이라고 여기면 돼. 신혼집 꾸미려면 얼마나 까탈스럽게 물건을 고르겠니? 하긴 혼자 사는 너희가 알 턱이 없겠지만.

계약의 증표란 어떤 의미일까?

성막의 구조는 계약의 궤를 중심으로 짜였거든. 그렇다면 성막을 계약의 증표가 되는 자리라고 볼 수도 있을 거야. 하느님의 말씀을 충실히 따라서 거룩한 민족이 되어야 한다는, 그런 그들을 하느님이 영원히 돌보실 거라는 계약이 그들 한가운데 눈에 보이는 모습으로 머무는 거지. 계약의 법규들을 지키며 살아야 하는 이스라엘 백성에게 성막의 존재란 그 계약을 언제나 상기시켜 주는 장치와 같았을 거야. 하느님께 계약 법규를 받았다고 해도, 시간이 지나면 그것을 항시 잊지 않고 살기가 쉽지 않아. 그래서 기억을 유지하기 위해선 장치가 필요할 수밖에 없어.

우리 집 아이들도 이상하게 꼭 내가 없을 때 사고를 치잖아. 오죽하면 며칠 자리를 비우는 경우엔 너희가 저녁때 내 방의 불을 켜놓을까. 아이들에겐 신부님이 바빠서 저녁 늦게 들어온다고 속임수를 쓰는 거지. 아이들에겐 내가 규칙을 지켜야 한다는 기억 장치 역할을 하나 봐. 이스라엘 백성도 성막을 통해 계약과 계명을 상기하면서 살 수 있었을 거야. 하느님도 그런 사람의 나약함을 잘 알고 계셨을 거고, 그래서 더더욱 함께 있으려고 하셨겠지. 그분이 성막에 대해 지시하신 이야기를 보면 단순히 이동식 거처를 짓는 것뿐 아니라 성막에서 거행할 예식에 대해서도 함께 일러주셔. 성막 속에 머무시는 하느님의 존재와 그분과의 계약을 잊지 않게 하려는 장치라고 보면 될 거야. 읽기가 힘들더라도 하느님의 세심한 마음이 담긴 이야기려니 하고 눈으로라도 따라와 봐.

성전 꼭대기 십자가,
세상엔 고통이 있다는 증표일까?
세상엔 빛이 있다는 증표일까?
빛이 되겠다는 약속을
잊지 말라는 증표일까?

편지 30

성막 지시 2, 성별의 이유
탈출 25,1-31,11

성막의 구성을 이해하는 데 가장 중요한 열쇠는 거룩함에 대한 감각일 거야. 성막 건설은 성막에 관계된 장소와 사물, 그리고 사람들에 대한 성별 작업이라고 할 수 있거든. 성막은 왜 이리 거룩해야 할까? 거룩한 하느님이 직접 머무시는 자리이니 거룩해야 한다는 것은 어쩌면 당연하겠지. 하지만 한 걸음 더 나아가면 성막의 거룩한 구성은 계약의 거룩함을 지켜내기 위한 방식이기도 할 거야. 거룩함은 경외심을 통해서만 유지될 수 있잖아. 그래서 성막에 대한 경외심을 통해 성막에 자리한 계약 내용을 사람이 함부로 손댈 수 없도록, 마음에 들지 않는다고 제멋대로 고칠 수 없도록 하겠다는 거지.

장소에 대한 성별은 어떻게 이루어질까?

성막의 건설은 우선 공간을 거룩하게 구별하는 작업을 지시하며 시작돼. 장소의 거룩함은 이미 떨기나무에서 하느님이 모세에게 신발을 벗으라고 명령하셨던 부분과, 시나이산의 경계를 정해서 성별하라는 이야기 속에서 만났던 내용일 거야.

장소의 성별을 위해선 무엇보다 정화 혹은 성화 단계가 중요해. 장소를 여러 단계로 나눔으로써 세상의 것에서 분리되어 거룩함으로 나가는 점진적 과정을 따르게 하는 거지. 보통 이런 공간 성별은 삼중구조를 따르는 게 일반적이야. 쉽게 집의 구조를 보면 알 수 있어. 마당이 있고 거실을 지나서 방에 들어가는 형태잖아. 시나이산의 계약 공간 역시 백성은 산 아래에 있어야 하고, 원로들은 산 중턱에 있고, 오직 모세만이 정상에서 하느님과 만나는 삼중구조로 이루어졌어.

성막의 구조도 그렇게 단계로 나뉘어 있어. 성막 뜰을 지나야 성막에 들어갈 수 있고, 성막은 성소와 지성소로 나뉘어 있어서 성소를 거쳐야 지성소에 다다를 수 있는 구조야. 보통은 이런 삼중구조를 설명할 때 밖에서부터 시작해서 중심에 도달하는 형식을 취해. 그런데 탈출기는 거꾸로 가장 중심인

지성소에 있는 계약의 궤에서부터 시작해서 밖으로 넓혀가는 형태로 설명하고 있어. 계약의 궤에서부터 빛이 퍼져나가는 형태를 취하려는 의도였을 거야. 그리고 각 단계의 장소에는 그에 걸맞은 거룩함으로 나아갈 수 있도록 정화나 성화 장치를 두고 있어.

　우리는 우선 밖에서부터 살펴보자. 성막 뜰은 기둥을 세운 다음 천으로 가려서 세상과 구분된 장소라는 걸 분명히 해놓고 있지. 성막 뜰에는 매일 속죄의 제물을 태워서 바칠 수 있는 제단을 놓고, 그것을 지나 성막에 들어가기 전에 세상에서 묻은 것들을 씻어내는 물두멍 그릇을 놓았어. 먼저 속죄하고 씻어내라는 얘기일 거야.

　그다음에 두 번째로 성막을 만나게 돼. 성막은 사면을 널판으로 둘러싼 다음에 천과 가죽으로 네 겹에 걸쳐 지붕을 덮어서 세상의 빛조차 들어오지 못할 정도로 세상과 분리된 영역이란 걸 드러내고 있어. 그 안에는 등잔대와 제사 빵을 올려놓을 제사상을 양옆에 마련해놓고 지성소 입구 쪽에는 분향 제단을 놓았어. 모든 고대 문화에서 금은 변하지 않는 영원을 상징하잖아. 그래서 이 곳의 가구는 모두 금으로 되어 있어. 천상의 빛과 천상의 양식, 천상의 공기를 표현하고 있는 거야. 빛과 양식, 향기는 눈, 코, 입을 통해서 사람의 내부 속으로 들어서는 것들이기도 해. 겉을 씻는 행위가 아니라 속을 정화하고 거룩함에 물들게 하려는 의도겠지.

마지막으로 가장 깊은 자리에는 지성소가 마련되어 있어. 지성소에는 오직 계약의 궤만이 놓여 있는데 그 덮개는 커룹이라는 천사의 상으로 되어 있고 그 안에 십계명 판을 놓았어. 가장 거룩한 자리에 계약의 계명을 놓았던 거지. 이 거룩한 장소의 핵심은 계약의 계명인 셈이야. 하느님이 꿈꾸는 세상을 위한 약속이 가장 거룩하다는 거겠지. 성막의 거룩함은 그래서 계약의 거룩함이고, 하느님의 꿈이 지닌 거룩함일 거야. 사람도 그렇지 않나? 육체와 영혼을 지나서 더 깊은 곳에 하느님의 말씀을 담고 사는 사람이 지닌 거룩함을 생각해봐.

성막을 통해 하느님은 이스라엘 백성에게 거룩함을 가르치고 계셨을 거야. 육체로 살아가는 삶을 정화하고, 영혼을 거룩함에 물들게 하고, 하느님의 말씀과 마주하면서 살아가라고 말이야.

물건들에 대한 성별을 어떻게 이루어질까?

거룩함을 드러내는 방식 중에 또 하나 중요한 게 정돈된 질서일 거야. 고대인들에게 모든 자연 재앙은 질서에서 어긋난 혼돈이었어. 그래서 거룩함은 올바른 질서와 연결될 수밖에 없었겠지. 하느님의 창조 역시 혼돈 속에서 질서를 만들어내는 일이었다는 것을 생각해봐. 여기서 '올바른' 질서라는 사실이 중요할 거야. 이집트 생활은 잘못된 질서로 만들어진 혼돈 그 자체였잖아. 하느님의 성막에 대한 지시가 왜 그렇게 세밀한 수치들까지 제시하는 건지 이해가 가니? 수치와 재료, 모양 하나까지 하느님이 개입하셨다는 것은 이 모두가 올바른 질서로 꾸며진 거룩한 자리이고 거룩한 물건들임을 드러내는 거야. 새로운 창조의 현장이라는 거지.

이렇게 올바른 질서로 꾸려진 것을 좀 더 구체적으로 성별하는 경우가 있는데, 보통 예식에 관계된 것들이야. 이런 성별 작업을 위해 전통적으로 사용되는 것이 기름과 향이라고 보면 돼. 기름은 보호와 분별, 향은 하늘로 들어 올림을 뜻하는 성별 도구들이야. 원래 성유라는 기름은 고대에 곤충들이 양의 귀에 들어가면 양이 죽기 때문에 양의 머리에 기름을 부어 보호하던 전통에서 온 거래. 거기다 사막 기후에 피부 건조를 막는 역할을 했기 때문에 일상에서도 보호와 치유의 의미를 갖게 된 거지. 향은 사람과 하느님 사이의 공간을 정화하고 성화할 뿐 아니라 사람의 기도를 하늘로 올리는 역할을 한다고 여겼어. 번제물을 바칠 때 고기를 태우는 이유도 연기를 하늘로 올라가게 하려는 거잖아. 결국 세상의 물건들을 성별하는 방식들은 올바른 질서에 따라 만들어진 것의 본래 모습을 보존하여 하느님께 들어 올린다는 의미를 담고 있는 거라고 볼 수 있어. 하긴 물건들만 그렇겠어? 사람도 하느님이 만드신 모습 그대로를 지켜내서 하느님을 향해 걸어가는 모습이 거룩한 거 아니겠니?

◆

예식에 대한 성별은 어떻게 이루어질까?

거룩한 것들로 채워진 거룩한 자리에서 이루어지는 가장 거룩한 행위는 바로 성막 예식이겠지. 성막 예식은 하느님과의 거룩한 만남을 위한 행위들이야. 아무래도 이스라엘 백성이 하느님을 만난 사건은 시나이 계약 사건이었으니까 성막 예식의 형태는 대부분 계약 체결 의식과 당연히 비슷할 수밖에 없을 거야. 예식의 형태가 속죄 의식이나 피를 뿌리는 계약 행위에 대한 상기, 그 고기를 나누는 만찬과 같은 형태잖아. 이스라엘의 성막 예식은 결국 계약의 계명을 기억하고, 계약의 하느님을 체험하는 형식이었어.

예식에 관한 이야기 중에는 꽤 많은 분량에 걸쳐 사제들의 직무 수여식과 복장에 대한 규정이 나와. 사제에게 직무를 수여하는 예식을 보면 요란스럽다고 느껴질 정도야. 황소 한 마리와 숫양 두 마리를 제물로 바치면서 굉장히 많은 의식을 치르고 있어. 무엇보다 바쳐진 고기를 그들만 먹게 하는 규정을 보면 이들은 하느님께 온전히 속한 사람들로 살아야 한다는 의미 같아. 하느님께 바쳐진 것을 먹는다는 것은 하느님과 같이 먹고 사는 사람이란 뜻이잖아. 또 사제들은 거룩한 옷을 입어야 한대. 가슴에 거는 옷에는 12지파의 이름이 새겨져 있어야 하고 이마에는 '주님께 성별된 이'라는 글씨를 새긴 패를 달고 있어야 한다고 나와. 사제의 몸과 심장은 백성과 일치해 있어야 하고 그의 머리는 그들 안에서 거룩함을 지켜내는 사람이어야 한다는 뜻으로 보여. 사제들은 백성과 몸과 마음으로 하나가 되어 있어야 하고 또 온전히 하느님께도 속해 있어야 하는 삶을 살아야 한다는 뜻이겠지.

 결국 예식에서 사제들이 하는 역할은 시나이산에서 모세가 한 역할과 비슷하다고 할 수 있어. 또 이 예식을 주관하는 사제의 복장이 대체로 화려하고 복잡한 것도 계약 사건과 연관 지어 생각해보면 이스라엘 백성을 대표하는 혼인 예복이라고 볼 수 있지 않을까? 결국 사제는 모든 예식에서 모세의 역할을 해야 하고, 그 복장은 계약 예식의 혼인 예복과 같아야 한다는 거야. 성막에서 이루어지는 예식에 대한 설명이 어쩌면 복잡할 수도 있겠지만 그 정신은 간단해. 하느님은 성막 예식을 통해 이스라엘 백성이 시나이 계약을 상기하고 자신들에게 부과된 거룩한 소명을 되새기길 바라신다고 보면 돼.

걸음아홉

다시 시작하시는

하느님

탈출 31,12 - 40,38

　사랑이 깨어지면 어떻게 할까요? 가뿐하게 헤어지면 그뿐일 수도 있습니다. 잠시 마음이 아파도 그게 가장 편한 길일 수 있으니까요. 깨진 사랑을 다시 회복하는 일은 너무도 고되고 힘든 여정이거든요. 많은 사람이 용서와 화해보다도 미움을 선택하면서 사는 이유는 사실 그게 더 편해섭니다. 물론 미움을 가슴에 품고 사는 일도 힘든 일이지만 아무리 힘들어도 용서보다 쉬워서 선택한 길입니다.
　하느님과 이스라엘 백성 사이에 사랑의 계약이 깨졌습니다. 이스라엘 백성이 금송아지를 만들어놓고 자신들을 이집트에서 이끌어낸 신이라며 숭배하는 사건이 터졌습니다. 하느님과 맺은 계약이 사랑의 혼인 계약이었다면 이 사건은 불륜 사건이라고 할 수 있겠지요. 하느님 입장에선 어떻게 해야 할까요? 가뿐하게 헤어지고 말까요? 모세는 이스라엘 백성을 정화하고 그들을 대표해서 하느님께 간곡한 용서를 청하고 있습니다. 모세의 얼굴을 봐서 받아주어야 할까요?
　하느님은 헤어짐이나 미움보다 용서와 화해라는 아주 고단한 과정을 밟아가려 합니다. 용서와 화해는 마음먹었다고 쉽게 되지 않습니다. 서먹해진 관계와 무너진 신뢰까지 회복하려면 고단한 과정을 거쳐야 할 겁니다. 하느님이 그 고단한 과정을 거쳐서라도 깨어진 사랑을 다시 회복하려는 이유가 뭘까요? 버릴 수 없을 정도로 사랑해서겠지요. 이스라엘 백성은 다시 하느님과 계약을 맺고 하느님과 함께 길을 걷게 될 것입니다. 사랑을 버리지 못하는 하느님이 계시는 한 끝내 그렇게 다시 시작하게 될 겁니다.

편지 31

계약 파기, 금송아지 사건

탈출 31,12-32,29

성막에 대한 지시를 마친 하느님은 다시 한번 안식일을 강조하고 나서 드디어 모세에게 돌에다 당신 손가락으로 직접 계명을 새긴 증언판을 주셨어. 이 증언판은 마치 혼인 신고서와 같은 거라고 보면 돼. 그런데 흔히 말하듯 혼인 신고서에 잉크가 마르기도 전에, 아니 돌판에 열기가 빠지기도 전에 사건이 터지고 말아. 동행을 꿈꾸던 하느님이 들뜬 마음으로 모세에게 당신이 백성 안에 머물 거처에 대해 지시를 하시던 바로 그 시간에 다른 한쪽, 산 아래 있던 이스라엘 백성은 금송아지를 만들어서 자신들의 신이라고 떠받들고 있었던 거야. 행복한 혼인 계약이 신혼의 행복으로 이어질 것 같았던 분위기가 한순간에 깨져버렸어.

모세가 증언판을 받기 위해 사십 일간 시나이산에서 머물면서 내려오지 않자 불안해진 백성은 아론에게 "우리를 이끄실 신을 만들어주십시오"라고 청했다고 해. 모세의 존재가 사라지자 하느님도 사라졌다고 믿었나 봐. 시나이 계약의 기억을 겨우 사십 일도 지켜내지 못하는 이스라엘 백성의 행동을 이해하기란 쉽지가 않네.

왜 하느님에 대한 배신일까?

이스라엘 백성 입장에선 조금 억울한 면도 있어. 신을 만들어 달라는 청은 다른 신을 모시겠다는 게 아니라 사실 하느님을 만날 수 있는 확실한 신상을 말하던 거야. 그동안 모세를 통해서만 하느님을 만날 수 있었는데 모세가 사라졌으니 하느님을 만날 수 있는 길이 없어졌다고 여긴 거지. 아론도 그래서 백성의 요청에 응했던 거야. 아론이 어떻게 다른 신을 만들 수 있겠어? 아론은 백성에게 금붙이를 가져오라고 해서 거푸집에 부어 수송아지를 만들었다고 나와. 아무래도 금붙이를 가져오라고 한 것은 하느님의 신상에 어울리도록 제일 귀한 것을 가져오라는 뜻이었겠지.

　만들어진 수송아지 상을 보고 사람들은 "이분이 너를 이집트 땅에서 데리고 올라오신 너의 신이다"라고 외치며 그 앞에 제단을 쌓아서 번제물과 친교 제물을 드리고 축제를 벌여. 시나이 계약의 장면을 재현하려던 것 같아. 그들은 금송아지를 정말 하느님의 모습이라고 여겼던 거지. 금송아지의 형상이긴 하지만 그 형상 안에서 하느님을 부르고 있었던 거라면 이것을 배신이라고 보아야 할까?

　학자들에 따르면 사실 이 금송아지 사건은 후대에 북이스라엘에서 일어난 베텔 성전 사건을 반영한 이야기라고 해. 아주 훗날 이스라엘은 남유다와 북이스라엘로 나뉘게 되는데 둘은 매우 심한 경쟁 관계였대. 그래서 남유다가 예루살렘 성전을 짓자 북이스라엘은 따로 베텔 성전을 지었어. 예루살렘 성전은 계약의 궤를 중심으로 지어졌는데 베텔 성전은 계약의 궤를 놓아야 하는 자리에 대신 금송아지를 사용했던 거야. 금송아지를 믿었던 건 아니지. 계약의 궤는 하느님이 사람을 만나러 내려오시는 발판이란 의미가 있는데 그 발판을 금송아지로 만든 거야.

　그런데 더 큰 문제는 금송아지가 가나안 땅에 널리 퍼져 있던 바알 신앙의 상징물이었다는거야. 바알의 상징으로 사용된 수송아지는 풍요를 뜻해. 사람들 눈엔 베텔 성전이 하느님의 이름으로 행해지는 풍요의 바알 신앙 예식으로 비춰졌겠지. 계약 계명에서 그렇게 이야기하던 야훼 신앙에 대한 오염이 발생한 거야. 탈출기에 나오는 금송아지 이야기는 이 사건을 그대로 재현하고 있어. 아론과 백성이 하느님이 아닌 다른 신을 섬기고 있었던 게 아니라, 하느님의 모습을 풍요로 바꾸고 있었다고 봐야 해. 야훼 정신을 욕망으로 바꿔놓은 거지. 모세가 백성을 혼낸 뒤 하느님께 "이 백성이 큰 죄를 지었습니다. 자신들을 위하여 금으로 신을 만들었습니다"라고 하잖아. 하느님에 대한 배신은 하느님을 버리는 게 아니라 하느님을 오염시키는 일이었다는 거야.

무엇을 말하려는 걸까?

이스라엘 역사에서 일어났던 이 사건을 탈출기는 왜 여기서 재현하는 걸까? 금송아지 사건을 성막에 대한 지시와 성막 건설 사이에 놓아서 성막의 의미를 한층 명확하게 드러내기 위해서였을 거야. 불과 금에서 금송아지가 나오는 장면은 하느님과 돈이 만나서 풍요가 탄생한다는 은유로 보여. 시나이 계약은 산을 감싼 불과 언약이 만나서 성막으로 발전하는 과정을 밟았잖아. 하느님과 계명이 만나서 동행이 탄생하는 것과 대조가 되고 있어.

그 밖에도 불에 던져서 한순간에 만드는 금송아지와 시간이 오래 걸려야 완성할 수 있는 성막, 불 속에서 제멋대로 꺼내진 금송아지와 세밀한 질서로 만들어지는 성막, 흥청거리는 금송아지 예식과 꼼꼼하게 성별된 성막의 예식들이 대조되어 있어. 결국 성막이란, 계명을 전제로 하느님과 만나는 장소이고, 그 만남은 성실하게 거룩함으로 채워져야 한다는 사실을 금송아지와 대비해서 분명하게 보여주는 거야.

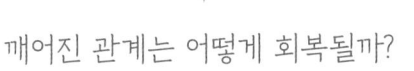

깨어진 관계는 어떻게 회복될까?

금송아지 사건을 마주한 하느님의 마음은 어땠을까? 원래 사람은 나약한 존재라고 눈감아줄 수 있을까? 금송아지 사건을 만난 하느님의 모습은 마치 처용가의 처용을 보는 듯하네. 아내가 바람피우는 현장을 직접 목격한 사내의 망연한 모습과 비슷했을 거야. 하지만 하느님은 처용처럼 상심만 하고 물러서지 않아. 하느님은 모세에게 그들이 '타락'했다는 표현을 쓰면서 그들을 모두 삼켜버릴 거라는 말까지 하고 계셔. 이스라엘 백성에게 이렇게까지 화를 내시는 모습은 탈출기에서 처음 보네. 이제 모세는 철없는 이스라엘 백성과 진노한 하느님 사이에 놓이게 되었어. 재밌는 상황이야.

이야기의 초반에 고통받는 이스라엘 백성과 삐진 모세 사이에 하느님이 끼어 계셨던 소명 이야기를 생각해봐. 이제 모세와 하느님의 입장이 뒤바뀌었어. 그때 하느님은 모세와 참 긴 대화를 하며 집요하게 설득하는 과정을 겪었잖아. 지금은 모세가 그렇게 해야 할 거야. 우선 모세는 하느님의 진노를 누그러뜨리려고 하고 있어. 모세가 하느님을 설득하는 말들을 들어보면 어디서 본 듯한 논리들일 거야.

첫째로 그는 하느님의 속성을 논리로 말하고 있어. 분노를 거두지 않는다면 자신의 백성을 이집트 땅에서 손수 이끌어 내서 죽여버린 모순의 하느님으로 일컬어질 거래. 하느님의 속성을 오해하는 일이 발생할 수 있다는 거지. 다른 말로 당신은 그런 분이 아니라고 항변하는 거야. 하느님이 모세를 처음 설득하실 때도 이 논리를 펴셨거든. 이스라엘 백성의 아픔을 듣고 그 고통을 아파하시는 하느님이 당신의 속성으로 나왔잖아. 나는 원래 아픔을 듣는 하느님이라서 그들을 내버려둘 수 없다는 논리였지.

곱게 깨진 그릇이 아니라서
부스러기 조각 찾기가 쉽지 않다.
부서진 관계는 그래서
온전히 붙이기가 쉽지 않다.

두 번째로 모세는 기억과 약속의 논리를 제시하고 있어. 그들의 조상들에게 후손을 번성하게 하겠다던 약속을 기억해서 진노를 거두어 달라는 거야. 이건 하느님이 모세를 설득할 때 '야훼'라는 이름을 알려주던 설득 방식과 같아. 너희 조상들과 함께 있던 하느님이었고 지금도 앞으로도 함께 있는 하느님이라고 모세에게 이야기했잖아. 하느님이 모세에게 미래를 걱정하지 말라는 의미로 쓰셨던 기억과 약속의 논리를, 모세는 하느님에게 이스라엘 백성과의 관계를 버리지 말아 달라는 청원으로 사용하고 있는 거지.

사실 모든 훼손된 관계를 복원하는 가장 중요한 길은 '기억'과 '약속'일 거야. 우리 아이들이 말도 안 되는 짓을 저질렀어도 끝내 화해하게 되는 이유는, 그 아이의 슬픈 자리와 기쁜 자리를 우리가 기억하고 있기 때문이고 그 아이를 돌보겠다고 했던 숱한 약속 때문이잖아. 꼬여버린 현실의 관계를 관계의 기억이나 약속으로 풀어내는 것이 사랑을 꾸려가는 중요한 방식 중 하나일 거야. 모세는 이렇게 하느님께 배운 대로 하느님을 설득하고 있어. 하느님도 이럴 땐 어쩔 수 없을 거야. 화가 다 풀린 건 아니겠지만 하느님은 모세의 설득을 받아들여서 재앙만은 뒤로 미뤄놓으셔.

잘못은 어떻게 바로잡을 수 있을까?

하느님의 진노를 일단 누그러뜨린 모세는 이제 백성의 잘못을 바로잡아야 할 거야. 모세는 금송아지를 두고 춤추고 노래하고 있는 백성 앞에서 계약의 돌판을 깨버리고 그들의 금송아지를 태워서 가루가 될 때까지 빻아버려. 그리고 그 가루를 물에 뿌린 다음 그 물을 이스라엘 백성이 마시게 해. 금송아지에 대한 흔적을 완전히 지워버리고 뉘우치게 하려는 거지. 금송아지 가루 물을 마시게 한 것은 백성 전체에 대한 형벌이야. 그리고 당시 상황을 책임졌던 아론에게는 해명을 요구하고 있어. 아론은 갑자기 모세를 '나리'라고 호칭하면서 자기도 어쩔 수 없었다는 식으로 변명을 해. 무슨 짓을 한 것인지 깨닫고 있는 거야. 의외로 모세는 책임을 추궁한 후에 아론에 대한 처벌을 고민하지는 않아. 문책으로 끝낼 생각이었던 거 같아. 금송아지를 없애고 책임자를 추궁하는 정도에서 이 사건을 정리하려고 했었나 봐.

하지만 금송아지 축제로 빚어진 혼란에서 빠져나오지 못하는 백성 때문에 문제가 커져버렸어. 모세는 여전히 제멋대로 행동하는 일부 백성을 레위 자손들을 불러 도륙함으로써 사건을 마무리하게 돼. 그렇게 죽임을 당한 백성 숫자가 삼천이라고 나와. 너무 많은 피를 흘린 거라고 여길지 모르지만 사실 고대 근동 문화에서 반역한 나라의 백성은 인구의 십분의 일을 처형했다고 해. 탈출기가 과장해서 전하는 이스라엘 백성의 인구가 장정만 육십만 명이었다는 점을 감안하면 최소의 희생을 표현하는 숫자라고 봐야 할 거야. 최소의 희생도 없이는 정화가 불가능했다는 표현일 수도 있겠지. 곪은 것을 도려내지 않고서는 정화가 이루어지지 않잖아.

　우린 흔히 정화나 용서라는 단어가 아무것도 손해 보거나 손실이 없는 상태의 화해라고 착각할 경우가 많지. 그런 정화는 세상에 없어. 일단 모세는 금송아지 사건으로 발생한 하느님의 진노를 누그러뜨리고 희생을 치르면서까지 혼돈에 들어선 백성을 깨우치는 데 성공했어. 하지만 상태가 정리됐다 해도 이 양쪽을 화해시키는 일은 아직 남아 있지. 이 작업, 만만하지 않을 거야.

편지 32

관계 회복과 재계약

탈출 32,30-34,28

◆

용서받을 수 있을까?

계약 내용을 전면으로 부정해버린 금송아지 사건은 하느님과 이스라엘 백성 사이에 맺어진 계약 자체가 파기되는 결과를 초래했어. 관계가 파탄 난 거지. 모세가 일단 하느님의 진노를 유보해 놓고 이스라엘 백성의 혼란을 정리했다고 하지만 아직 관계가 회복된 것은 아니야. 관계 회복을 위해선 먼저 하느님의 용서가 있어야겠지. 계약 중에 있었던 피의 의식을 기억하니? 계약을 어기면 피로써 대가를 치러야 한다는 암묵적 약속이었지. 어떤 형태로든 이스라엘 백성은 계약 파기에 책임을 져야 하는 거고, 그렇다면 그에 맞갖은 징벌이 따라와야 해.

이런 상황에서 모세는 하느님의 용서를 얻어내기 위해 모험을 감행해. 이스라엘 백성의 죄를 용서하지 않으시려면 그들과 함께 자신의 이름도 당신의 책에서 지워달라고 청하는 거야. '하느님의 책'이란 생명의 책을 뜻하는 거 같아. 거기서 지워달라는 얘기는 죽음을 뜻하는 거겠지. 이스라엘 백성을 징벌하려면 자신도 함께 징벌하라는 거야. 모세는 자신의 목숨을 걸고 용서를 청하는 거지. 어떻게 이런 청을 할 수 있는 걸까? 모세는 점점 이스라엘 백성을 하느님의 마음처럼 사랑하고 있나 봐. 확실히 모세의 마음은 칭찬받을 만해.

◆

하지만 이게 묘수일까?

어쩌면 악수가 될 수도 있는 모험 같지 않니? 우리 아이 중에 누가 큰 잘못을 해서 그를 다른 시설로 옮기는 것을 고려하고 있는데, 다른 아이가 그 애를 보내려면 자기도 함께 보내라고 한다면 어떨까? 기특하든지 아니면 더 화가 날 수도 있어. 저 아이는 날 이해할 거라고 여겼는데 내 편이 아니라고 받아들일 수 있는 거잖아. 다행히 하느님은 모세를 기특하게 보았나 봐. 혹은 선한 사람 하나가 억울하게 당하는 것을 보지 않으려는 하느님의 마음 때문이었을까? 하느님은 징벌을 훗날로 미루겠다고 해. 다만 탈출기에는 훗날 그 징벌을 내렸다는 언급만 있고 언제 어떻게 내렸는지는 언급하지 않아. 하느님의 용서와 계약의 권위를 함께 보여주려면 이렇게 서술할 수밖에 없었을 거야. 훗날 비슷한 잘못을 했을 때 더 무겁게 벌을 내리셨을 거란 정도로 이해하면 돼.

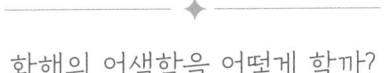

화해의 어색함을 어떻게 할까?

하느님이 용서하셨다고 해서 모든 게 바로 예전 상태로 돌아가는 건 아니야. 한번 무너졌던 사랑은 고단한 회복 과정을 밟을 수밖에 없어. 분노가 끝난 자리엔 거리감이라는 여진이 남아 있거든. 우리도 화해 뒤에 오는 서로 간의 어색함을 알고 있잖아. 이 시간을 잘 넘겨야 해. 어색한 거리감으로 만들어진 공간 속엔 불신이나 억울함 같은 손님들이 수시로 드나들게 되거든. 그래서 잘 다루지 않으면 여기서 이차 전쟁이 터질 수도 있고 서로 보지 않고 지내게 될 수도 있어.

이스라엘 백성을 용서하고 그들에게 약속의 땅으로 걸어가라고 명령하시지만 당신은 동행하지 않으시겠다는 하느님의 마음을 헤아려봐. 어색한 거리감을 분명하게 표현하시는 거지. 이스라엘 백성이 목이 뻣뻣해서 고개를 숙이고 따르지 않기 때문에 또 언제 이런 일이 일어날지 모른대. 그래서 아예 보지 않는 게 낫다는 거야. 하느님께는 좀 더 시간이 필요할 것 같지? 그래도 다행인 건 하느님의 말씀이 그리 단호하지 않다는 거야. 여백을 두고 있잖아.

이스라엘 백성이 패물을 몸에서 떼어내면 한 번 더 생각해보시겠대. 패물을 뺀다는 것은 이제 더 이상 화려함과 풍요에 기대지 않겠다는 표현이라고 봐야지. 패물을 모아서 풍요의 금송아지를 만들었던 거잖아. 하느님은 이스라엘 백성이 패물을 지니고 있으면 언제든 다시 금송아지가 탄생할 수 있다고 보셨나 봐. 하긴 상처란 그런 거더라. 하느님 입장에선 이스라엘 백성의 패물만 봐도 금송아지가 떠오를 수 있다는 거야. 이스라엘 백성은 하느님의 말씀에 따라 패물을 몸에서 벗어버리고 하느님의 마음이 온전히 풀리길 기다릴 수밖에 없을 거야. 패물보다 하느님을 선택한다는 것을 분명히 해야겠지.

화해란 마음을 헤아리는 걸까?

하느님이 모세에게 직접 백성을 이끌고 약속의 땅으로 떠나라고 하신 말씀도 정리해볼 필요가 있겠다. 모세에게 권한을 주시는 것인지 아니면 하느님이 아직 마음을 풀지 못하고 계신 것인지 애매하지 않니? 모세는 하느님의 말씀을 곧이곧대로 따라야 하는 걸까? 아니면 하느님의 마음을 헤아리는 길을 선택해야 할까? 모세는 천막을 하나 챙겨서 백성과 떨어진 자리에 치고선 거기서 하느님과 대화를 이어가고 있어. 그 천막에 하느님이 내려와서 모세와 이야기를 나누고 있는 광경을 보면, 하느님의 마음이 무엇이었는지 너희도 알 수 있을 거야.

이스라엘 백성과 동행하지 않겠다고 하고선 당신의 거처인 시나이산으로 돌아가지 않은 거잖아. 하느님은 이스라엘 백성과 어색한 거리감을 유지하고 있지만, 이들에 대한 사랑을 포기하지는 않으셔. 백성 역시 마찬가지야. 모세와 함께 떠나라는 하느님의 말씀을 유보한 채 만남의 천막에 구름 기둥이 머물 때마다 자기 천막에서 나와 하느님께 경배를 드리고 있잖아. 이렇게 서로가 서로에게 애틋한 마음이 있는 데도 쉽사리 예전과 같은 관계로 돌아가질 못하는 거지.

마침내 모세는 떠나라는 하느님의 말씀을 거역하고 하느님의 마음을 헤아리기로 결정해. 그리 보면 하느님의 모든 말씀을 무조건 따라야 하더라도 딱 한 가지, 헤어지자는 말씀만은 따를 수가 없을 거야. 그럴 때는 당연히 그런 말씀을 하시는 하느님의 마음을 헤아려야겠지. 이제 모세는 하느님 없이는 어떤 길을 가야 하는지 알 수가 없으니 시나이산에서 아예 떠나지 않겠다고 애원을 해.

그러자 하느님도 마음을 풀고 모세의 청을 받아들여 이스라엘 백성과 동행할 것을 결정하셔. 모세에게 당신의 뒷모습까지 보이시면서 함께 있고 함께 있을 거라는 것을 분명하게 하시지. 예전에 모세가 소명을 받을 때는 '야훼'라는 당신 이름을 알려주었다면 이제는 모세에게 당신의 모습을 그대로 보여주기까지 하시네. 당신의 마음까지 헤아릴 수 있는 모세를 믿고 당신의 사랑과 당신의 꿈을 다시 시작하기로 하신 거지.

새로 시작하려면 무엇이 필요할까?

그럼 이제 어디서부터 다시 시작할까? 하느님은 모세가 이스라엘 백성 앞에서 깨트린 계약의 돌판을 다시 만드는 일부터 시작하시기로 해. 금송아지 사건이 터진 그 시간 바로 직전으로 돌아가는 거야. 문제를 푸는 하느님의 방식이 아주 정확하다고 느껴지네. 나 같으면 처음부터 뭔가 잘못되었으니 이스라엘 백성이 정신 좀 차리려면 광야 생활부터 다시 시작해야 한다고 주장했을 텐데. 하느님은 꼭 잘못이 이루어진 그 지점부터 다시 시작하셔. 화해는 그래야 하나 봐. 자질구레한 옛날 일까지 꺼내서는 안 되고 잘못한 그것만을 가지고 잘못한 그 시간 직전으로만 돌아가면 되겠지. 우리 아이들과 화해하면서 살려면 우리가 이것부터 배워야겠다.

여하튼 하느님은 모세 한 명만 시나이산으로 불러서 돌판에 계약 내용을 다시 새겨주셔. 재계약이라고 할 수 있겠지. 재계약이란 첫 계약 속에 담긴 내용을 수정한다는 뜻이 아니라, 계약 파기가 가져온 상처를 깨끗하게 잊고 새로 시작한다는 의미야. 다만 당신 스스로 "질투하는 하느님"이란 사실을 아주 분명하게 밝히셔. 이스라엘 백성이 또 다시 탐욕을 삶의 중심으로 삼는 것을 용납하지 않겠다는 확고한 표현이겠지. 그래서 무엇보다 야훼 신앙과 예배에 대한 규정들을 강조하시지. 금송아지 사건의 여파일 거야.

전제는 주변에 있는 어떤 우상과도 접촉하지 말아야 하고 어떤 신상도 만들어내지 말아야 한다는 거야. 그다음에 모두가 일주일에 한 번은 안식일을 지켜서 계약 내용을 상기하고, 일 년마다 이집트에서 풀려난 날을 축제로 지내며 기억해야 하고, 곡식을 거둘 때나 첫 아이가 나올 때처럼 기쁜 날에는 꼭 계약을 기억해야 하고, 적어도 일 년에 세 번은 직접 하느님 앞에 나와서 계약을 새롭게 해야 한다는 내용들이야. 보통 이걸 예배 계명이라고 해. 이런 계명들을 보면 하느님의 의도가 읽히지 않니? 삶의 촘촘한 간격 속에서 하느님을 계속 기억하게 하려는 거겠지. 모든 예식은 기억과 다짐으로 이루어지는 거니까. 이 예배 계명들은 이스라엘 백성 스스로 자신들이 어디에 속한 사람들인지 매 순간 분명하게 되새길 수 있는 장치라고 보면 될 거야. 느닷없이 가나안 지역의 토착 신앙인 아세라 여신의 목상이 거론되는 것은, 훗날 이스라엘 백성이 가나안에 정착한 후에도 금송아지 사건과 같은 사건이 또 일어날 수 있다는 하느님의 경고라고 볼 수 있겠지.

그리고 마지막 예배 계명은 재미있기도 하고 난해하기도 하겠다. 새끼 염소를 그 어미의 젖에 삶아서는 안 된다는 규정이잖아. 어떤 관습과 연관되었을 텐데 지금에 와서 무언가를 추정하기는 힘든 내용이야. 다만 어미, 젖, 새끼라는 생명의 단어들이 '함께 삶아 먹다'라는 하나의 행동으로 한정되면서 잔인한 죽음이 되어버린 문장 자체를 확인할 수 있을 뿐이지.

그것도 단순히 미각적 욕망을 위해서라면 끔찍한 문장이야. 마지막 예배 계명은 그래서 계약 십계명의 마지막 계명인 탐욕을 지니지 말라는 문장과 닮아 보여.

여하튼 모세는 이제 모든 계약의 말씀들을 돌판에 새겨서 백성에게 들고 내려가기 위해 사십 일 동안 산 위에 머무르게 돼. 금송아지 사건이 터지기 직전으로 돌아간 거지. 하느님과 모세 그리고 이스라엘 백성은 그 지점에서부터 다시 시작하고 있는 거야.

편지 33

성막 완성과 동행의 시작

탈출 34,29-40,38

◆

새로운 창조가 시작된 걸까?

재계약 과정을 촘촘히 살펴보면 마치 새로운 창세기를 읽고 있다는 느낌이 들지 않니? 시나이 계약 과정은 계약과 파기 그리고 회복이라는 과정을 따라왔는데, 이는 창조와 타락 그리고 재창조라는 창세기의 맥락과도 일치하고 있어. 재창조의 현장을 살펴보자. 먼저 모세가 온전히 새로운 사람으로 그려지고 있어. 첫 계약에선 모세가 중계자 역할을 했었는데 재계약에선 온전히 하느님께 속한 사람으로 서술되고 있다는 거야. 재계약 과정에서 모세가 하느님의 말씀을 직접 돌판에 새겼다든지, 증언판을 들고 산에서 내려오는 그의 얼굴이 눈부시게 빛나고 있었다는 것을 봐. 하느님 앞에서는 너울을 쓰지 않고 사람들 앞에서 너울을 쓰고 있었다는 것은 하느님의 빛이 그에게 온통 담겼다는 이야기일 거야. 이제 모세에게서 불붙은 떨기나무의 모습이 보이지 않니? 하느님으로 온통 채워졌지만 타서 사라지지 않는 그 모습 말이야. 하느님의 빛으로만 가득한 사람의 모습이란 이런 걸까? 하느님이 새로운 사람을 만드신 거 같아.

이런 창조의 서사는 새로운 사람의 모습뿐 아니라 안식일에 대한 말씀에서도 볼 수 있어. 계약을 마치고 나자 마지막으로 모세가 안식일에 대한 규정을 선포하잖아. 창조 이야기의 마지막 자리가 안식일이었다는 것을 고려해보면 지금까지 계약 여정 역시 창조의 여정이었다는 뜻일 거야. 첫 계약 때도 비슷했어. 엿새 동안 구름이 시나이산을 덮었다가 이렛날에 하느님이 모습을 드러내셨다고 나와. 하느님은 계약 작업을 또 다른 세상을 위한 창조 작업이라고 여기셨던 게 분명해. 계약이 체결되었다는 것은 이제 새로운 사람과 새로운 백성의 창조가 이루어졌다는 이야기일 거야. 이스라엘 백성은 갈대 바다를 건너면서 탐욕의 세상과 육체적 결별을 하였다면, 금송아지 사건과 재계약의 과정을 통해 탐욕의 세상과 정신적 결별을 이뤄낸 거지. 이제 드디어 온전히 새로운 백성으로 태어났고 그들은 새로운 세상을 만들어나가게 될 거야.

다시 신뢰를 회복할까?

이스라엘 백성은 이제 새로운 땅으로 떠나기 위해서 모세의 지시에 따라 금송아지 사건으로 중단되었던 성막 건설을 시작하게 돼. 하느님과 함께 떠나기 위해선 하느님이 지시하신 성막이 준비되어야 하겠지. 본문을 보면 다시 지루하게 느껴질 수 있는 긴 성막 건설 이야기가 나올 거야. 더욱이 이 성막 건설 이야기는 앞선 성막 지시 이야기와 별반 다르지도 않아. 거의 똑같은 반복으로 보일 수도 있지만, 이야기의 초점이 바뀌었다는 것을 염두에 두고 읽어봐. 성막 건설 이야기는 금송아지로 실패를 겪은 이스라엘 백성의 마음을 상상하면서 읽어야 할 거야. 성막 지시 이야기에선 성막의 존재와 의미가 중심이었다면, 성막 건설 이야기에선 백성의 충실성에 초점이 맞춰져 있어.

첫 계약 때 이스라엘 백성은 입으로만 세 번에 걸쳐 "주님께서 하신 모든 말씀을 실행하겠습니다"라고 외쳤잖아. 입으로만 외친 계약 동의는 사십 일도 못 견디고 금송아지 사건이란 나락으로 떨어지고 말았지. 재계약 후에 이스라엘 백성은 입이 아닌 행동으로 하느님에 대한 순종과 계약에 대한 신뢰를 드러내야 했을 거야. 깨어진 관계란 용서와 화해, 어색한 거리감을 넘어서 신뢰를 재건하는 과정을 밟아야만 온전히 회복될 수 있는 거잖아. 이제 신뢰 회복이라는 마지막 작업이 남아 있고, 성막 건설을 통해 이스라엘 백성은 하느님께 다시 신뢰를 얻기 위해 노력해야만 하겠지. 다시 신뢰를 얻으려면 하느님 말씀에 대한 온전한 순종을 말이 아닌 행동으로 보여줘야 할 거고.

◆

그들은 달라졌을까?

이스라엘 백성은 성막 건설을 통해 자발성과 정성, 그리고 '정확한 따름'을 드러내고 있어. 먼저 성막을 건설하는 이스라엘 백성의 자발적인 참여를 살펴봐야 할 거야. 나중에는 넘쳐나는 예물 때문에 봉헌을 중지시켜야 할 정도로 이스라엘 백성 모두가 자발적으로 성막 건설에 참여하고 있어. 이런 자발적

참여는 그만큼 하느님과 동행하기를 바라는 그들의 간절한 마음을 행동으로 표현하는 거겠지.

그들이 성막 건설에 들이는 정성도 중요하게 봐야 할 거야. 상당한 시간과 열정을 쏟아놓고 있거든. 패물을 불 속에 넣었더니 바로 생겨난 금송아지와 다르게, 성막은 긴 시간과 세심한 정성이 필요한 작업이었어. 정교하게 수를 놓거나 문양을 완성하려면 제법 많은 시간과 주의가 필요했을 거야. 성막이 완성되는 마지막에 이르러서야 이스라엘 백성은 각자에게 맡겨진 작업을 마칠 수 있었다고 해. 그들 모두 매시간 경건하게 지극한 정성으로 성막 건설에 참여하고 있었던 거야.

어찌 보면 이 작업들은 수도자의 작업처럼 느껴지기도 해. 금송아지를 만들었던 시간에 대한 후회와 자신들을 버리지 않은 하느님의 자비를 생각하면서 성막 작업을 마치 보속처럼 느꼈을지도 모르지. 이스라엘 백성은 성막에 들어갈 물품 하나하나를 정성으로 만들면서 자신들의 마음을 행동으로 보여주고 있는 거야.

마지막으로 이스라엘 백성은 하느님이 지시한 대로 정확하게 성막을 건설하려고 애쓰고 있어. 수치와 모양을 그대로 따르잖아. 아마도 그들은 작은 모양이나 수치 하나 틀리지 않으려고 노력했을 거야. 이제 어떤 왜곡도 없이 하느님의 말씀을 정확하게 그대로 따르겠다는 다짐인 거지. 이스라엘 백성은 성막 건설을 통해 이렇게 자신들이 하느님께 온전히 순종하고 있다는 사실을 말이 아닌 행동으로 드러내고 있어. 확실히 다른 사람들로 보여.

이제 함께 걸어가는 걸까?

성막이 완성되자 "구름이 만남의 천막을 덮고 주님의 영광이 성막에 가득 찼다"라고 해. 하느님이 이스라엘 백성의 순종과 정성을 받아들이신 거지. 관계가 온전히 회복된 거야. 이제 갈대 바다를 건너는 순간에 그들을 인도했던 구름 기둥과 불기둥이 성막 위에 오르고 이스라엘 백성은 시나이 광야를 떠나 약속된 땅으로 향한 걸음을 놓고 있어. 비로소 동행이 시작됐네.

이스라엘 백성이 하느님과 동행한다는 건 단순한 길동무가 되었다는 말이 아니야. 여기서 동행이란 길을 같이 가는 사람이 아니라 같은 길을 가는 사람이란 뜻이지. 이스라엘 백성이 가는 길에 하느님이 동행하시는 게 아니라 이스라엘 백성이 하느님과 같은 길을 걸어가게 되었다는 거야. 그래서 하느님은 언제나 앞서가시면서 길을 인도하게 될 거고 이스라엘 백성은 그 여정을 통해 하느님의 길을 배우게 되겠지.

성막에서 구름이 오르지 않으면 이스라엘 백성은 길을 떠나지 않았다고 해. 구름이 오르지 않는 순간에는 무엇이 잘못된 것인지, 길을 바꿔야 하는지 고민을 했겠지. 또 성막에 구름이 올랐을 때는 좀 더 걸음을 재촉해야 하는지, 천천히 걸어도 되는지 서로들 묻고 상의하고 고민했을 거야. 하느님과의 동행은 그렇게 고민 속에서 하느님의 꿈과 하느님의 길을 묻고 상의하는 여정이 될 수밖에 없어. 그런 고민들 속에서 그들은 별이 되는 꿈을 꿀 것이고 별이 되어갈 거야.

긴 편지였지? 탈출기는 상처 난 아이들과 함께 살아가는 우리에게 많은 것을 생각하게 만드는 이야기였을 거야. 그래도 옛이야기라서 지겨울 수도 있었을 텐데 편지를 끝까지 읽어내느라고 애썼다. 탈출기는 상처가 별이 되는 과정을 다루는 이야기라고 해도 될 거야. 상처가 별이 된다는 건 하루아침에 저절로 되는 게 아니겠지. 지난한 시간과 정성을 담는 과정을 거쳐야만 할 거야. 이스라엘 백성을 봐도 상처의 단계, 탈출의 단계, 생존에 대한 불안의 단계, 계약의 단계, 좌절의 단계, 다시 일어서는 단계, 동행의 단계를 하나하나 밟아가면서 성장하고 있잖아.

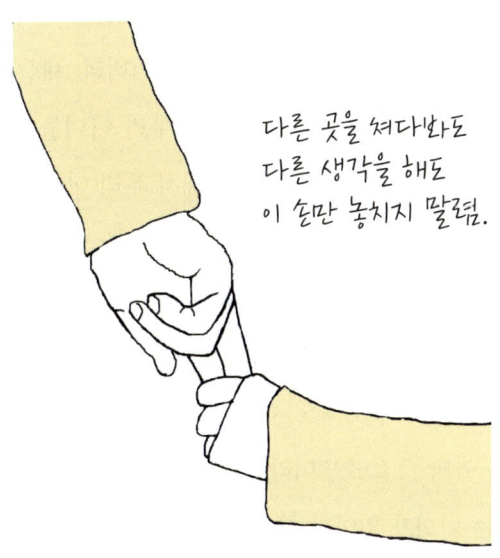

우리 아이들은 어디쯤 서 있는 걸까? 아이마다 조금씩 걸음의 차이가 있겠지. 하지만 어느 단계에 있든 중요한 것은 하느님과 함께 걷고 있느냐는 거야. 상처투성이 삶을 살았던 이스라엘 백성이 별이 되려면 무엇보다 하느님의 손을 놓으면 안 되는 거잖아. 우리 아이들도 그럴 거야. 그런데 우리 아이들은 그 손을 너무도 쉽게 놓아버리거나 놓쳐버려. 세상의 욕심들과 유혹들에 금세 휘말려버리는 게 우리 아이들이라서 우리를 힘들게 하고 지치게도 하지. 그래서 우리 아이들에게는 정말 모세와 같은 사람이 꼭 필요할 거야. 하느님의 손과 백성의 손 모두를 꼭 부여잡고 있는 사람 말이야. 우리 집에서 우리가 맡은 역할이 바로 모세와 같은 거겠지. 힘내자. 하느님 앞에선 하기 싫어도, 하지 못해도, 해야만 하는, 할 수밖에 없는 그런 게 있어. 아마 그걸 소명이라고 부를걸? 아이들 옆에서 소명을 살아가는 너희가 있어서 참 다행이다. 그리고 나도 이 꿈길을 너희와 함께 걷게 되어서 참 좋다.

탈출기에 나오는
사건 이미지를 대비해 볼까?

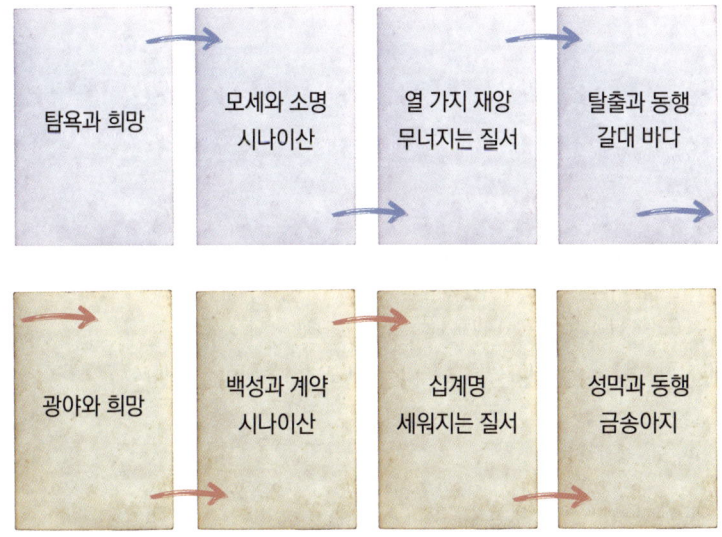

편지로 읽는 탈출기
상처가
별이 될 수 있을까?

서울대교구 인가   2023년 3월 10일
초판 1쇄 펴낸날   2023년 4월 21일
　　4쇄 펴낸날   2024년 10월 1일

지은이   홍승의
펴낸이   나현오
펴낸곳   성서와함께

주소 06910 서울특별시 동작구 흑석로13길 7
전화 02-822-0125~7   팩스 02-822-0128
인터넷 서점 www.withbible.com
전자우편 order@withbible.com
등록번호 14-44(1987년 11월 25일)
-
ⓒ 홍승의 2023
성경 ⓒ 한국천주교중앙협의회, 2023.
-
ISBN 978-89-7635-413-6 03230
-
이 책에 실린 내용은 펴낸이의 허가 없이 전재 및 복제할 수 없습니다.